credit analysis

クレジット・アナリシス 1

信用リスク分析——総論

山内直樹・森田隆大 [著]

社団法人 金融財政事情研究会

はじめに

　本書はシリーズとして今後出版される分野別の信用リスク分析手法解説書の序論に位置づけられるものである。

　本シリーズは、おそらく信用リスク分析を体系的に網羅した本邦初の実務的専門書であり、今後プロのバンカーあるいは投資家を目指す方だけでなく、実務家として、信用リスク分析を現場で行っている方やそうした業務に関連する部門の管理職、あるいは、信用リスクに関連した商品を組成や販売を担当している方も対象としている。直接信用リスク分析に携わる方はいうに及ばず、融資や債券投資などの信用提供業務を行う方にとっても「信用リスクを適切にとらえる」ことは、ビジネスの根幹をなす最重要課題である。そこで、本シリーズは信用リスク分析に対する基本的な心がけ・方法論および信用評価の有効性を高めるためのフレームワークを紹介し、信用リスクと向き合う方の一助になることを願うものである。

　後のシリーズは事業法人の信用リスク分析や証券化商品に関するものに加え、両者の要素を持ち合わせたハイブリッドと呼ばれるものを予定している。

本書の目的

　今回の金融危機の発端になったサブプライムローン問題が起きた理由の一端は、信用リスクの認識に対する基本姿勢が市場関係者間で薄れ、市場の番人たる格付会社が機能不全に陥ったことにある。特に信用リスク評価の精度を大きく左右する「人的な判断を伴う定性分析の重要性」が置き去りにされた感が強い。本書は信用評価における定性分析の役割、信用リスクを忠実にとらえるための分析手法の枠組み、ならびに格付の基本について説明するとともに、信用リスク分析の視点から信用ビジネスと主要信用商品についても紹介する。これらはたしかに基礎的な概念・知識であるが、信用評価の本質をすべてとらえている。再び金融危機を起こさない健全な信用市場を構築するためにも、もう一度原点に立ち戻り、信用リスクをみつめ直すべき時期に

きているのではないだろうか？

　近年、高度な数学を利用した「金融工学」と呼ばれるような分析モデルが脚光を浴び、その分析結果があたかも「正確」なものであるかのごとくとらえる風潮がある。筆者は金融工学的手法を否定するつもりは決してない。しかし、信用評価は将来の予測である以上、必ず不確実性を伴う。すなわち、正解がないということである。そういう意味では、信用リスク分析は「科学」より「アート」に近い領域である。リスクをより適切にとらえられるための方法論やフレームワークがあっても、いつも正しい答えを提供してくれる分析方法・モデルは存在しない。また、分析方法・モデルの有効性は、その構築条件・前提の置き方によって大きく影響されることも理解するべきである。つまり、伝統的な信用リスク分析手法であれ、定量的なモデルであれ、信用評価において人的な判断を必要とする定性的な部分は必ず存在する。さらに、あらゆる分析手法・モデルはある特定タイプのリスクプロファイルを適切に分析できるようにつくられているが、対象から乖離したものについてはその有効性が低下する。

　すなわち、分析方法・モデルは人間の英知によってつくり上げられたものではあるが、オールマイティではない、ましてや人間の判断に取ってかわるものではない。ある分析方法・モデルを使うべきかどうか、そこから求められた信用評価が適切かどうか、それをどのように最終的な信用判断に生かすべきかを決めるのは人間である。言い換えれば、分析方法・モデルはあくまでも信用評価のための手段（ツール）であり、その失敗はそれを構築したものばかりでなく、選択・使用した人間の失敗でもある。今回のサブプライムローン問題における市場参加者と格付会社の失敗は、こうした基本認識が欠如し、分析方法・モデルに過信・過大依存したことが一因である。本書は信用リスク分析の基礎、特に定性要因の重要性について学んでいただくことによって、読者が分析方法・モデルの有効性・限界に対する判断能力を高め、より健全な信用評価を行えるよう願うものである。

　格付は信用リスクを判断する代表的な参考意見として市場で認知されてき

た。しかし、今回のサブプライムローン関連証券化商品の格付における失敗によって、格付会社に対する信頼が大きく揺らいだ。各国の当局が現在までに実施したあるいは導入を検討している格付会社に対する規制強化案は、格付の質を持続的に維持・向上させる効果は限定的であると筆者は考えている。また、格付会社は盛んに格付手法・モデルの変更や改善を行っているが、「格付の質を根本的に支えているアナリストの質」に対する手当ては、いまだになされていないようにみえる。しかし、その質に疑問符がついても、代替するものが出現しない限り、市場や当局の格付に対する依存はしばらく続くであろう。利用者は格付の限界に注意を払いながら、格付会社と付き合っていくことになる。本書は格付を正しく理解するための基礎知識を提供し、利用するにあたっての留意点を紹介することによって、格付利用者が格付会社と健全な対話や緊張関係を形成できることを望むものでもある。格付の質を根本的に向上させる近道がここにある、と筆者は考える。

　経済と産業を持続的に発展させるために、資本出資などの株式リスクマネーが必要である。同時に、融資や債券などを媒体とする信用マネーの安定供給も不可欠である。それには、健全な規律を保った信用市場が存在する必要がある。つまり、的確な信用評価に支えられ、リスクの過剰な追求と極端な回避が抑制された与信判断が適切に行われ、信用マネーが円滑に提供されることが重要である。信用リスクに対する適切な評価なくして、安定した金融機能は存在しない。シリーズの序である本書は、このような考えを同じくする著者と多数の執筆協力者が、信用リスクの本質と信用評価の基本的な概念・枠組みを、わかりやすく理解していただく想いでまとめたものである。著者は、いずれも格付アナリストとしての長い実務経験を有している。格付会社の失敗から学ぶべき反省も含めて、格付アナリストとしての経験から身につけた信用リスク分析の「エッセンス」を、提供できれば幸いと考えているものである。

2009年12月

著　者

【著者紹介】

山内　直樹

- 1983年　京都大学経済学部卒業。
- 1983年　藤沢薬品工業株式会社（現アステラス製薬）入社、財務部配属。
- 1992年　ムーディーズ・ジャパン株式会社に転職。格付マーケティング担当。
- 1997年　ストラクチャードファイナンス格付担当。アナリストとして創成期における各種証券化商品の格付を付与する。
- 2000年　マネージング・ダイレクターとしてストラクチャードファイナンス格付部門の統括責任者に就任。
- 2002年　ムーディーズ・ジャパン株式会社代表取締役就任。日本ビジネス統括責任者。
- 2005年2月　ムーディーズ・ジャパン株式会社を離職。
- 2006年以降　早稲田大学ファイナンス研究センターにて社会人向け特別講座の講師を行うほか、執筆活動・講義活動を行う。

森田　隆大

- 1983年　ニューヨーク大学スターン経営大学院卒業（MBA）。
- 1983年　ファースト・シカゴ銀行に入社。本店・東京支店にてマーケティング・審査担当。
- 1990年　ムーディーズ・インベスターズ・サービス本社に入社。シニアアナリストとして日本企業の格付を担当。
- 1992年　ムーディーズ・ジャパン株式会社に転勤。日本およびアジアの事業会社・プロジェクトファイナンス格付を担当。
- 2000年　格付委員会議長を兼任。
- 2002年　マネージング・ディレクターとして日本および韓国の事業会社格付部門の統括責任者に就任。日本の地方債格付も管轄。
- 2008年9月　ムーディーズ・ジャパン株式会社を離職。
-   以降　執筆活動・講義活動を行う。

目　　次

第1章　信用リスクと信用スプレッド

第1節　信用リスク……………………………………………………… 2
　　信用リスクとは…………………………………………………… 2
　　信用リスク分析の目的…………………………………………… 4
第2節　信用スプレッド………………………………………………… 8
　　信用スプレッドについて………………………………………… 8
　　途中の売却を考慮しない（いわゆる「持ち切り」）場合……… 10
　　途中売却を前提とする場合……………………………………… 13
　　景気循環と信用スプレッド……………………………………… 15
　　信用バブルと信用スプレッド…………………………………… 16
　　信用リスク分析と信用スプレッド……………………………… 19

第2章　信用商品の概要

　　はじめに……………………………………………………………24
第1節　間接金融市場における個人向け信用商品……………………26
　　個人向け信用商品の分類…………………………………………26
　　住宅ローン…………………………………………………………30
　　自動車ローン（大型小口債権）…………………………………32
　　カード（小口金融）………………………………………………33
　　消費者金融…………………………………………………………34
第2節　間接金融市場における企業向け信用商品……………………35
　　企業向け信用商品の分類…………………………………………35
　　一般的な銀行融資…………………………………………………35

リ　ー　ス……………………………………………………37
　　企業間信用…………………………………………………39
　　制度金融……………………………………………………40
　　シンジケートローン………………………………………40
　　コベナンツ…………………………………………………42
　　ノンリコースローン………………………………………42
　　ABL（アセットベーストレンディング）………………44
第3節　直接金融における信用商品………………………………47
　1　直接金融の関係者……………………………………………47
　　発　行　体…………………………………………………47
　　投　資　家…………………………………………………47
　　証券会社……………………………………………………49
　　格付会社……………………………………………………50
　2　直接金融の主な信用商品とその特徴……………………50
　　債券の分類…………………………………………………50
　　国　　　　債………………………………………………52
　　地方債・財投機関債………………………………………53
　　民間社債（一般事業債券）………………………………53
　　公募社債……………………………………………………54
　　私募発行……………………………………………………55
　　信託受益権…………………………………………………55
　　CDS…………………………………………………………56
　　CP……………………………………………………………59
第4節　信用商品と担保……………………………………………61
　　担保権と破綻手続…………………………………………61
　　担保価値……………………………………………………62
　　相　　　殺…………………………………………………63

6

第3章 信用ビジネス

はじめに……………………………………………………………………66

第1節　銀行と融資……………………………………………………67
　銀　　行………………………………………………………………67
　不動産担保主義からの脱却の必要性………………………………67
　リレーションシップバンキングの標榜と実態の考察……………71
　米国における信用ビジネスと融資審査……………………………73
　日本のリレーションシップバンキングの可能性について………75
　日本の金融環境の問題点……………………………………………85
　銀行とバーゼル………………………………………………………89
　標準的手法の考察……………………………………………………91
　内部格付手法の考察…………………………………………………93
　実体経済と自己資本比率規制………………………………………94

第2節　投資家と債券市場……………………………………………98
　債券市場の機能………………………………………………………98
　日本の債券市場の歴史と現状………………………………………98
　機関投資家の宿命──投資しないと仕事がなくなる……………100
　アレンジャーの宿命──引受け・販売せざるをえない…………101
　サブプライムローン証券化の教訓──収益と損失の時間差を考える……101
　債券投資家と格付……………………………………………………106

第4章 信用判断手法

はじめに……………………………………………………………………110

第1節　信用リスク分析に向けての留意点…………………………111
　債権者の立場を正しく理解する……………………………………111
　信用リスク分析者の現実を知る……………………………………111

目　次　7

  レバレッジの本質を理解する……………………………………112
  信用リスク分析の観点から資金調達方法をとらえる………………114
  企業情報の性質を意識する……………………………………116
 第2節 情報開示について……………………………………………118
  上場企業……………………………………………………………118
  中小企業の情報開示………………………………………………118
  証券化商品の情報開示……………………………………………119
 第3節 定量的信用判断手法の基本的概要………………………123
  定量的分析モデル利用の基本……………………………………123
  定量的分析モデルの紹介…………………………………………123
  信用リスク分析モデルに対する留意点…………………………127
  妥当なモデル使用法………………………………………………128
 第4節 ポートフォリオ信用リスク分析の主な手法………………131
  ポートフォリオと期待デフォルト率……………………………131
  ポートフォリオと信用スプレッド………………………………131
  ポートフォリオ信用リスク分析手法……………………………132

第5章　信用リスク分析の基礎

 はじめに………………………………………………………………138
 第1節 信用リスク分析の方法論と心がけ………………………139
  信用リスク分析の目的……………………………………………139
  信用リスクを表す…………………………………………………139
  信用リスク分析の心がけ…………………………………………139
  支払能力……………………………………………………………140
  支払意欲……………………………………………………………140
  信用リスク分析の2つの軸………………………………………142
 第2節 一般事業会社（大企業）の信用リスク分析の基礎………143

信用リスク分析に対する基本的な心構え……………………………143
　　企業信用リスク分析のフレームワーク………………………………148
　　大企業向け債権ポートフォリオの信用リスク分析…………………156
第3節　中小企業向け信用商品の信用リスク分析の留意点……………158
　　はじめに…………………………………………………………………158
　　支払意欲…………………………………………………………………158
　　スコアリングシステムによる信用リスク分析………………………159
　　デフォルト率推計モデルによる信用リスク分析……………………160
　　中小企業向け債権ポートフォリオの信用リスク分析………………160
第4節　個人向け信用商品の信用リスク分析の基礎……………………162
　　はじめに…………………………………………………………………162
　　支払意欲…………………………………………………………………162
　　支払能力（年収と生活固定費）………………………………………163
　　個人向け債権ポートフォリオの信用リスク分析……………………164
第5節　証券化商品の信用リスク分析の特徴……………………………165
　　はじめに…………………………………………………………………165
　　証券化とは………………………………………………………………166
　　SPV………………………………………………………………………167
　　証券化商品の構造………………………………………………………168
　　証券化商品の種類（伝統的証券化商品）……………………………168
　　証券化商品の分析………………………………………………………170
　　信用リスク分析の流れ…………………………………………………171
　　メザニン…………………………………………………………………178
　　特殊なメザニン…………………………………………………………179
　　ハイブリッド信用商品と証券化商品…………………………………180
　　証券化商品の限界………………………………………………………180
第6節　一般事業会社vsストラクチャードファイナンスの信用
　　リスク分析………………………………………………………………182

目　次　9

ストラクチャードファイナンスとは……………………………………182
　　ストラクチャードファイナンスの形態…………………………………182
　　一般事業会社 vs 証券化SPV………………………………………………184
　　リファイナンスリスク……………………………………………………185

第6章　格　　　付

第1節　格付とは………………………………………………………………190
　　格　　付……………………………………………………………………190
　　デフォルト統計……………………………………………………………195
　　投資適格等級と投機的等級………………………………………………196
　　短期格付……………………………………………………………………198
　　格付の見通しとウオッチリスト…………………………………………199
　　格付の変更…………………………………………………………………200
　　証券化商品の格付…………………………………………………………200
第2節　格付の失敗……………………………………………………………201
　　投資家の関心と格付………………………………………………………201
　　格付の失敗とは……………………………………………………………201
　　AAA～Aの評価について…………………………………………………203
第3節　格付を利用するために………………………………………………204
　　格付の質＝アナリストの質………………………………………………205
　　格付会社の利益相反………………………………………………………207
　　格付のショッピング………………………………………………………210
　　非依頼格付（勝手格付）…………………………………………………213

おわりに……………………………………………………………………………215
参考文献……………………………………………………………………………217
事項索引……………………………………………………………………………218

■コラム■

1　デフォルト？……………………………………………………………4
2　クレジットカード一括払いの信用プレミアム……………………10
3　CDS の可能性……………………………………………………………58
4　ある融資の話……………………………………………………………70
5　大会社に対する融資の採算……………………………………………82
6　銀行員の運………………………………………………………………86
7　貸出金利の上昇…………………………………………………………88
8　信用スプレッドと利益認識……………………………………………96
9　投資と信用リスク分析能力の例………………………………………104
10　リスクマネー……………………………………………………………107
11　プロとアマチュアとマスコミ情報……………………………………121
12　証券化商品が損失の総量を増やすことは不可能……………………166
13　格付不要論………………………………………………………………195
14　投資適格という表現……………………………………………………197
15　BBB のデフォルトについて……………………………………………202
16　競争と格付の中立性……………………………………………………204
17　格付会社の組織について………………………………………………209
18　債券市場の発達と格付ショッピングが発生する過程の例…………211

第1章

信用リスクと信用スプレッド

第 1 節
信用リスク

信用リスクとは

　金融取引において、資金を提供することにより発生する元本の返済と利息の支払を受ける権利を「債権」、それを所有するものを「債権者」という。一方で、資金の提供を受け一定期間後に約束した元本と利息の支払を行う義務を「債務」、それを負うものを「債務者」という。本書では金融取引における債権を「信用商品」とも表現する。信用商品には、融資の債権、有価証券である債券、その他手形など広く金銭の信用取引により発生した債権とする。

　債務が予定どおりに履行されないリスクを「信用リスク」、または「デフォルトリスク」という。本書では、デフォルト（債務不履行）を以下のとおり定義する。

① 　債務者（個人・法人）の法的破綻
② 　債務者（個人・法人）の私的整理・法的破綻回避目的の債務の交換
③ 　債権・債務契約内容の変更
④ 　支払猶予・支払拒否・失踪

① 債務者（個人・法人）の法的破綻

　典型的なデフォルトの認定として、裁判所が介入する法的な破綻の手続がある。破産手続、民事再生手続、会社更生手続などがある。この場合、債務者は「期限の利益」を失い、債権は直ちに満期を迎える。このうち個人は破産と民事再生のどちらかが適用される。手続の結果、債権者の回収額が決定される。

② 債務者の私的整理・法的破綻回避目的の債務の交換

　上記のような裁判所の介入を伴わない、私的な整理が存在する。この手続は中小企業に多く、債権者・経営者間の交渉によって行われる。過去このような私的整理の大部分は、実質破産処理となるものが多かった。近年、再生を意識した処理が志向されるようになり、「中小企業再生支援協議会」を介在した再建処理が増加している。上場企業でも「事業再生 ADR[1] (Alternative Dispute Resolution)」の利用が進んできている。私的整理に伴う主なデフォルトとして、支払条件の緩和、債権放棄、DDS[2] (Debt Debt Swap)、DES[3] (Debt Equity Swap) などがある。またこのような私的整理においては、債権の種類、たとえば「融資」と「債券」では処理が異なる場合がある。極端な場合、融資はデフォルトするが、債券は約定どおり支払われる場合も考えられる。

③ 既存債権・債務契約の変更

　上記の①や②のような手続を介しないで、当事者の間で既存の債権・債務の契約内容の変更を合意する場合がある。その多くは、期中金利の減免や償還期間の延長である。

④ 支払猶予・支払拒否・失踪

　上場企業等の大企業および中堅企業向けローン契約書には、一定の支払猶予期間が設定されている場合が多い。ただし大企業については、支払猶予期間を経ることなく、債務者の主導で①の手続に入ることが多い。中堅企業の場合は、一定期間（30日〜180日など）の経過後、「支払不能」を理由として、債権者が申し立てることにより①の法的手続に移行するか、②の私的な整理に移行する。中小零細企業・自営業・個人の場合は、銀行取引約定書を基本

1　「企業再生支援機構」の調停・債権者の合意形成に基づく裁判外紛争解決手続。
2　既存債権の一部を条件変更契約により劣後債権化し、実質資本扱いとする。
3　既存債権を株式（主に優先株）と交換することで、実質資本とする。

約定書とする手形貸付等が多く、金利・元本の支払遅延（「期限の利益」請求喪失事由に該当）発生後、①の法的手続（特に破産）に移行するか、③の契約変更などの手続をとり実質的なデフォルトとなる場合が多い。自営業・個人などの場合、明確な支払拒否を示す行動、たとえば失踪（いわゆる「夜逃げ」）などがあれば即デフォルトと認識される。

> **コラム1**
>
> ## デフォルト？
>
> 本書ではデフォルトの定義としていないが、実質的なデフォルトの定義はほかにも存在する。よく使われる表現として「デフォルト回避目的の債務の交換」である。この行為は、実質的に本書で定義したデフォルトの③債務の期中利払減免や償還の延長と同じ経済効果である。
>
> 端的な例としては、当事者間の合意のもと、多くは債務者側からの申入れにより、債権債務の形式上、「期限前償還」あるいは「満期償還」の形式をとり、新たな債権債務の契約を締結する。つまり本編の③のように、既存の融資の利払低減・償還延長を行うのではなく、既存債権を期限前償還して、同額ではあるが返済が容易な新しい融資を行い、同等の経済効果を得ることができる。この行為は第三者からみた場合に「デフォルト」とならないように意図した行為であることに注意する必要がある。

信用リスク分析の目的

信用リスク分析は、①デフォルトが発生する可能性（デフォルト率）、②デフォルト発生時の予想損失率（[デフォルト発生時の債権額－回収額]／元本）の両方、すなわち予想信用損失率を分析の対象とする。

予想信用損失率＝デフォルト率×デフォルト発生時の予想損失率

債券の場合、元本の満期一括返済が基本[4]なので、実務上、予想信用損失

---

[4] 債券とされても「アモチゼーションボンド」のように期中の元本返済がなされるものもある。

率の算定は額面金額に対して以下の式が使用される。

　　予想信用損失率＝デフォルト率×(1－予想回収率)

　信用リスク分析の目的は、信用損失率に対する見解を融資の実行や債券の投資を行う者に示すことである。すなわち、将来想定される多様なシナリオから、最も発生する可能性が高いと考えられる信用損失率＝「期待損失率」について所見を述べることである（特に説明がない限り、本書で「期待」と表現した場合「ある確率で発生しうる数々の事象の最頻値」を表す）。また、回収率は個別性がきわめて強いことから、予想信用損失率ではなく、デフォルト率のみを対象にした分析が行われることも多い。この場合、最も発生する可能性が高いと考えられるデフォルト率を「期待デフォルト率」と呼ぶこととする。本書ではこの定義に従い用語を使用する。

　つまり、信用リスク分析の目的は信用リスクを「期待損失率」や「期待デフォルト率」としてとらえ、これらに対する見解を示すことである。

　一般的に、信用リスクに対する見解は絶対的な数値ではなく、社内・行内格付や格付会社の格付などに代表されるような相対的なリスク尺度で表現される場合が多い。ただし、数学的手法を利用し、将来のデフォルト率や信用損失率をシミュレートすることにより、その最頻値[5]を期待デフォルト率や期待損失率として直接推計するものもある。いずれにしても、将来に対する予測が含まれるため、必ず不確実性が伴う（つまり、必ず正しいとは限らない）。

　将来の損失率のイメージを図をもって表現すると、図表1-1のような多様な確率をもった損失率の確率分布となり、期待損失率はその最頻値といえる。したがって融資の実行にしても、債券の投資にしても、信用リスク＝信用損失率の期待値と考えることは必ずしも適切ではない。同じ期待損失率の信用商品と考えられても、非期待損失が発生する不確実性が高いものと低いものは存在する。式で表せば、

---

[5] シミュレーションの結果、富士山のようなきれいな山ができる分布とならない場合もある。その場合、ある程度の補正が必要になる場合もある。

図表1-1 信用損失率と不確実性

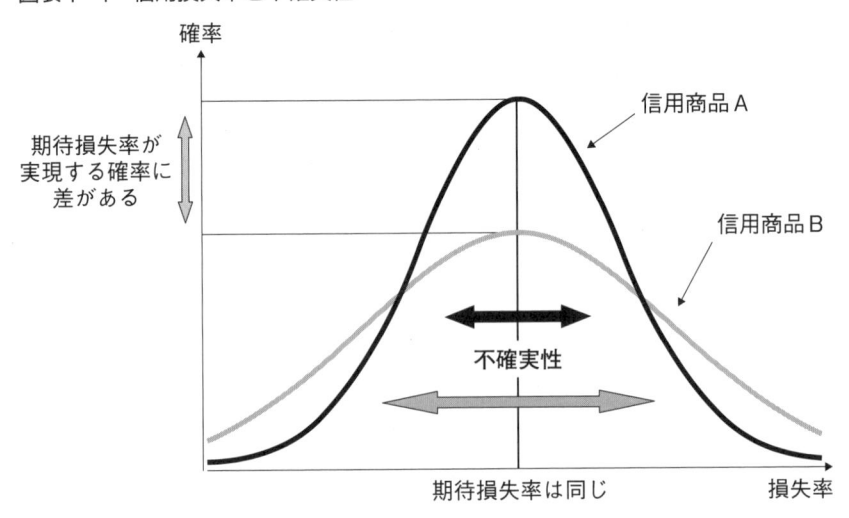

[図：信用商品Aと信用商品Bの損失率分布。縦軸は確率、横軸は損失率。期待損失率は同じだが、期待損失率が実現する確率に差があり、不確実性の幅が異なる。]

　信用リスク
　　＝期待損失率＋期待損失率の不確実性（非期待損失となる度合い6)

となる。たとえば、食品会社Aとハイテク企業Bは同等の債務返済能力があると考えられているとしよう。しかし、信用分析者（本書において、信用分析担当者、あるいは信用アナリストなどと表記することもある）の想定を超える事態が起きる可能性、つまり、信用評価に内包される不確実性が高いのは、一般的に考えてハイテク企業Bのほうである。言い換えると、業界特性等（需要の変動や技術革新＝ハイテク業界のほうがその変動性が高い）に違いがあるため、キャッシュ生成能力の安定性を（いくら保守的に予測したとしても）分析担当者が読み違える確率に差が存在する。

　これは債務の返済確実性に違いが生じる可能性があることを意味している。したがって、信用リスクとして認識されるべき性質のものである。たし

6　ここにいう「非期待損失」は概念としては後述するバーゼルのストレス損失に近い概念であるが、「度合い」が考慮されていることに注意いただきたい。つまりバーゼルのいう「信頼区間99.9％」とは違うものである。

かに天変地異や買収・合併など、あらかじめ想定することがむずかしい出来事を信用評価に反映させるのは妥当性に欠けるが、合理的にその存在が推測できる不確実性を信用リスク分析に含めるのは至って適切である。しかし、こうした不確実性をどこまで最終的な信用評価に織り込むべきか、確立された手法があるわけではない。最終的には信用分析者の見識に基づいた判断に頼るしか方法はない。

損失率の計算理論は多数存在する（第4章参照）。その多くは信用リスク＝期待デフォルト率とするものが多い。また、格付を利用する場合（第6章参照）でも、過去のデフォルトデータから、格付等級別の実績デフォルト率を信用リスクととらえることが多い。つまり、前頁の式にある「期待損失率の不確実性（非期待損失となる度合い）」を信用リスクとせず、「流動性リスク」として、次節で説明する「信用スプレッド」から「期待損失率」を差し引いた残余を「流動性プレミアム」としてとらえることが一般的である。このことは信用ビジネスの初心者にとって、流動性リスクはあたかも信用リスクとはまったく関係のないものと受け止められる可能性を示唆する。本書はこうしたアプローチに対して反対の立場をとるものではなく、あくまでも信用リスク分析の観点から出発した議論・考察を提供している。上式の真髄は、期待損失率以外に信用リスクが存在しない考え方に対する「アンチテーゼ」である。

図表1－1で、信用商品Aと信用商品Bは同じ「期待損失率」を表している。つまり、信用リスク分析の結果を「期待損失率」のみでとらえた場合、両者とも「同じ信用リスクの信用商品」となる。しかし、その期待損失率となる確率に相違がある（信用商品Bのほうが、「期待損失率が具現する確率」が低い）。言い換えれば「信用商品Bは信用商品Aより期待損失率とならない可能性＝不確実性が高い」といえる。つまり、実際に投資する立場に立てば信用商品Bのほうが「信用リスク」が高いといえよう。

第 2 節
信用スプレッド

信用スプレッドについて

信用スプレッドを図式化すると、次のようになる（図表1-2参照）。

　　信用スプレッド＝信用商品の利回り－無リスク金利

信用商品の実際の利回りは利息であるとは限らない。割引率[7]の場合もあれば手数料の場合もある。また商品の価額に上乗せされる場合もある。

無リスク金利は、国債の利回りやスワップレートが使われる。信用商品の利回りは「T＋20bp」や「L＋30bp」と表現される[8]。この20bpや30bpのことを信用スプレッドという。

また比較される国債の利回りやスワップレートは、信用商品の元本の平均残存期間[9]と同じものを使用する。債券など満期一括償還の場合は、その残存期間である。

図表1-3のイールドカーブ[10]は、残存期間別の無リスク金利（国債やスワップレートの利回り）のイメージをグラフにしたものである。このイール

---

[7] 代表的なものは割引債で「利息」が存在しない。最終支払元本額に対しての現在価格差を期間で割引計算したものを割引率として実質的な金利として認識する。
[8] Tとは国債（Treasury）、Lはスワップレートの基準金利であるLIBOR（もともとLondon Interbank Offering Rateの略号である。インターバンクでの1年未満の短期融資金利を指す。東京市場での同様の金利をTIBORという。金利スワップの場合LIBORは特に短期金利と長期金利のスワップ契約の価格表示として使われる）を意味している。bp（ベーシスポイント）は1％の100分の1である。
[9] 融資などで元本分割払いになっているものなどは、その最終返済日ではなく各残存期間と各元本返済額の加重平均を使用する。また、元本返済日が当初設定された条件によって変化するものもある。
[10] 無リスク金利のイールドカーブ＝残存期間別の金利水準は、本書が対象とする信用リスク分析だけでなく、ほとんどの金融理論で使用される重要な概念である。

図表 1-2　信用スプレッド

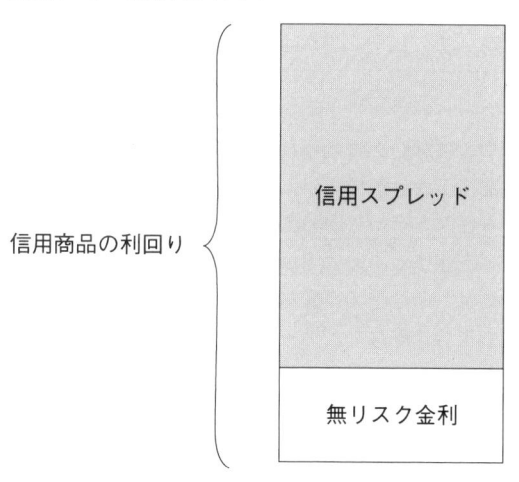

図表 1-3　イールドカーブと信用スプレッド

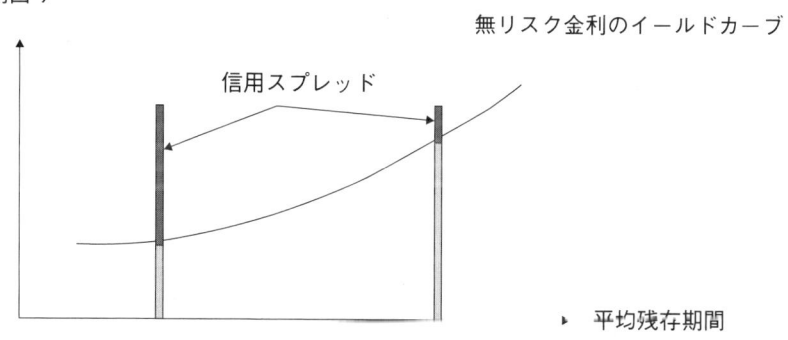

ドカーブはいわば市中金利の期間構造を分析する基準となるもので、資金需給、経済情勢、金融政策などの影響を受け、刻々と変化する。2本の棒グラフは同じ利回りをもつ異なった残存期間の信用商品を示している。つまり同じ利回りの信用商品でも残存年数が違えば信用スプレッドが違うことがあるということを理解してもらいたい。

> **コラム2**
>
> ### クレジットカード一括払いの信用プレミアム
>
> 　クレジットカードを使って１回払いにすると金利がかからない。すると、これは信用取引ではないと考えられるのか。答えは、実質信用取引である。これはカードを扱う会社が信用リスクはないと判断しているのでも、信用リスクの無料サービスを行っているのでもない。購入した財・受けたサービスの支払にカードを使うと、その店は、約２％程度の手数料をカード会社に支払う。論理的には、店はその手数料を財・サービスの代金に上乗せしていることになる。つまり、あなたがカードを使用した時点で、信用プレミアムが発生し、決済日に支払っていることになる。もちろん「カード」という利便性もサービスとして提供されていることから、そのすべてではないが。
>
> 　手形の決済でも同様のことがいえる。物品の支払を手形で行うか、即金払いで行うかで価格が異なる。その差が信用取引の利息に当たり、信用プレミアムが発生する。

途中の売却を考慮しない（いわゆる「持ち切り」）場合

　銀行、ファイナンス会社の融資の実行や投資家の債券投資は、信用リスクをとり、資金を提供することで信用スプレッドを享受する経済行為である。

　彼らの資金調達コストは国債利回りより低いことはまずない。図表１-４のとおり、さらに人件費や賃貸料などその他の間接コストを加味すると、国債投資のみでは採算割れとなる可能性がきわめて高い。したがって、無リスク金利より高い利回りを求め、信用リスクをとりに向かわざるをえない。一般的に、債権者である金融機関の資金調達コストは他人資本であるデットのコスト。つまり、無リスク金利＋自己の信用リスクに伴う信用スプレッド（単純にいえば借入金利や預金金利＋預金保険や預金受入れに付随するコストから国債の金利を差し引いたもの）と自己資本である株式（時価）の期待利回り（一般的には無リスク金利＋β[11]×市場プレミアム[12]とされる）の加重平均であり、これをWACC（Weighted Average Cost of Capital）と呼ぶ（実務におい

図表1-4　無リスク経営

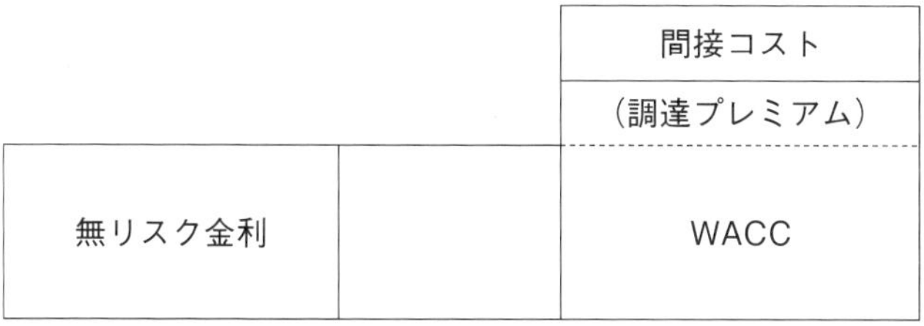

無リスク金利		間接コスト
		（調達プレミアム）
		WACC

てWACCには税金や負債時価なども考慮されるが本書ではその点を考慮していない）。図表1-4では、WACCが無リスク金利である国債の利回りを超える部分を債権者の「調達プレミアム」としている。

　融資でも債券でも途中売却を前提としない場合、以下の式①が成り立つならそのビジネスには経済合理性がある。また、上記で説明したとおり、「信用商品の利回り」から無リスク金利を差し引いたものが信用スプレッドであることから、②のように書き換えることもできる。

① 　信用商品の利回り
　　　≧期待損失率＋期待超過収益率＋信用リスク分析コスト
　　　＋間接コスト＋WACC

② 　信用スプレッド
　　　≧期待損失率＋期待超過収益率＋信用リスク分析コスト
　　　＋間接コスト＋調達プレミアム[13]

11 　βは市場で観測される標準的株価変動率（たとえばTopixなど）に対する自社の株価の変動率の相関を表す。
12 　市場プレミアムは市場の株価のリターンから無リスク金利を引いたものである。
13 　本文で説明したとおり「WACC－無リスク金利」は信用ビジネスをするための資金を調達する「調達プレミアム」としている。この調達プレミアムは信用ビジネスを行う主体、たとえば銀行やファイナンス会社で違いがある。

つまり先に指摘した「流動性プレミアム」に代表されるように、信用スプレッドの構成要因については市場でさまざまな議論はあるが、以下のように分析することも可能である。

信用スプレッドは、期待損失率だけでなく、信用ビジネスを行う者の調達コスト（株価収益率の目標値を考慮した調達のプレミアム）、間接コスト（人件費を含む）、信用リスク分析コスト（信用ビジネスを行うならば当然のコスト）をカバーし、さらに期待損失率の不確実性（非期待損失が発生する度合い）に備えた期待超過収益率をもカバーするものでなければならない（図表1-5参照）。特に売却を考慮しないのであれば、最終的な損益は信用損失に依存する。「期待超過収益率」は上式のとおり、すでに信用スプレッドから給与・報酬を含む各種コストおよび株主への目標利益率を差し引いた残余であることから、結果として、信用損失が期待損失率となった場合、信用ビジネスを行ったことによる「超過」の収益とみることができる（この場合株主にとっての収益の増加ととらえることができる。なぜならWACCには、すでに株主あるいはファンドであればそのファンドに投資した投資家に対する期待収益率が目標として組み込まれている。また、経営者やファンドマネージャーの報酬が成果主

図表1-5　信用供与の損益

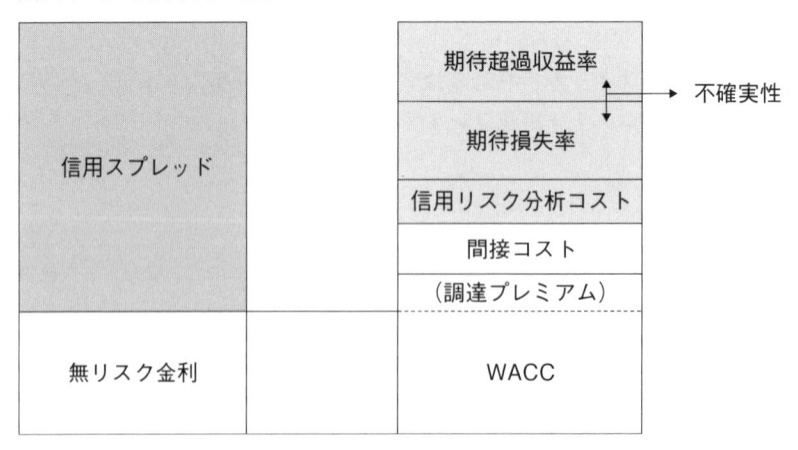

信用スプレッド	期待超過収益率　→ 不確実性
	期待損失率
	信用リスク分析コスト
	間接コスト
	（調達プレミアム）
無リスク金利	WACC

義ならば経営者やファンドマネージャーのボーナス原資ともなる)。しかし信用リスクに対する見解は将来の予測であることから、実際の信用損失は期待損失率とは異なる結果となることも十分考えられる、したがって、「期待損失率」のみではなく「非期待損失率となってしまう不確実性」をも「信用リスク」ととらえるならば、債権者の要求する信用スプレッドはその両方を加味したものとなるはずである。

売却を前提としない信用ビジネスの収益性は、信用スプレッドに対して信用損失をいかに抑えるか、または信用損失を補って余る超過収益率を確保できるよう信用スプレッドを得ることに依存する。

途中売却を前提とする場合

債券に投資する投資家は一般的に流動性を期待する。つまり途中売却が可能なことを前提として投資を行う[14]。ほとんどの投資家は信用力が高い債券を投資対象とし、多くの場合、投資した債券の信用リスクが一定以上に高まってきたと判断すると売却する。

通常信用力が高い債券が突然デフォルトするケースはほとんどなく、信用力の劣化は徐々に進行する。投資家は、その過程で売却することにより保有債券のデフォルトを回避することができる。ただし、売却の際には信用力が低下しているため、売却損が発生する。多くの場合、これが債券投資家にとっての実際の信用リスクである。

ただし、債券の売却損は必ず発生するものではない。一定以上の信用力の劣化が起こったときのみ問題となる。したがって、途中売却の可能性を考慮した債券投資にとって、「期待デフォルト率や期待損失率」よりも「信用リスクが変化する可能性」が重要な要素となる。売却しなければならないような状態に陥らない確実性が、信用リスク分析の目的の重点となる。

途中売却の可能性を考慮する投資家にとっては、以下の式が投資の必要条

---

[14] 金利リスクを積極的にとるために頻繁な売買を行うトレーディングオペレーションはここの議論から除外する。

図表1-6　売却を考慮した場合

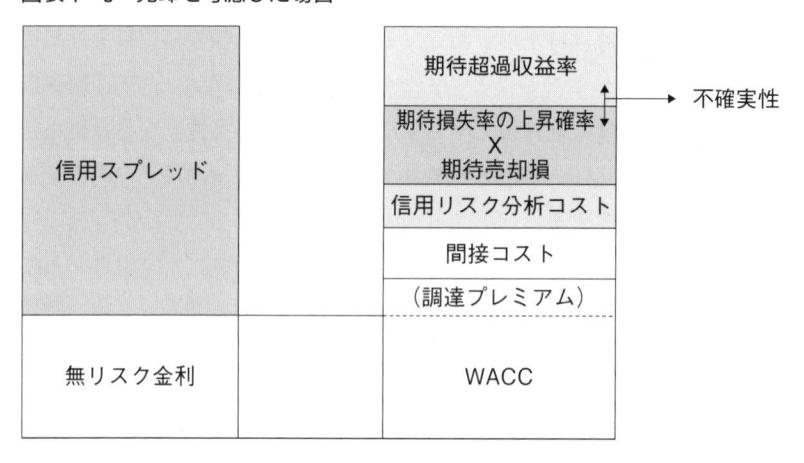

信用スプレッド	期待超過収益率
	期待損失率の上昇確率 × 期待売却損 → 不確実性
	信用リスク分析コスト
	間接コスト
	（調達プレミアム）
無リスク金利	WACC

件ととらえることができる（図表1-6参照）。

　信用スプレッド
　　≧期待損失率の上昇確率×売却損[15]＋期待超過収益率
　　＋信用リスク分析コスト＋間接コスト＋調達プレミアム

　したがって、こうした投資家の収益リスクは信用スプレッドに対して、いかに期待損失率が上昇しないものを選択するか、上昇したとしても実際の売却損をいかに抑える[16]か、または売却損を補填してなお余る超過収益率を得ることに依存する。しかし、売却するためには次の購入者が存在することが必要である。「流動性」が重視される理由である。

　ただし、信用リスクが上昇していく過程で売却を行う場合、その売却を考慮する時点での価格の合理性が問題となる。つまり実際の市場価格によっては売却せず保有し続けるほうが合理的と判断されれば、売却を行わない場合もある。たとえば、現在の市場のビットがL＋300であるのに対して、投資家の独自の評価がL＋200である場合、売却するよりも保有し続けるほうが

---

[15] 売却損は期待損失率が上昇し、投資家が売却を行った時に発生する。
[16] 信用リスクが上昇する過程でいかに早く売却するか。

合理的だ。もしポートフォリオマネジメント上の問題[17]がなければ、逆に購入するほうが合理的な判断であり、収益性の上昇に貢献する可能性がある。

「市場の厚み」と呼ばれる表現は、信用リスクに対してさまざまな意見をもった多くの市場参加者が存在することを指す。厚みがある市場は売却側と購入側の意見が折り合う価格が見出されやすい。これは投資家が債券を自分の思うタイミングで売買できる可能性（流動性）が高いことを意味するだけでなく、ブローカーのビット・オファーの差も縮小することが期待できる。しかし、信用リスクが高まり、多くの投資家がデフォルトリスクの可能性を強く意識する局面では、市場の厚みが極度に低下するおそれがある。なぜなら、債券の転売可能性を重視する投資家層が減り、購入者は主に満期保有目的の人たちに限られていくからである。日本市場ではデフォルトの可能性が意識される債券に投資する投資家層[18]が極度に少ないため、需給関係が崩れ、期待超過収益率が急速に上昇する傾向がある。ブローカーも売却できなければ自己ポジションが積み上がる危険性があるため、ビット・オファーの差がますます開くことになる。

景気循環と信用スプレッド

通常の景気循環における信用リスクマネーと信用スプレッドの動きをみてみよう。ここでは、債権者が信用リスクを構成する「期待損失率とその不確実性（非期待損失となる確率）」をどうとらえているのかを中心に、議論を進めていきたい。

① 好景気では、債券でも融資でも信用スプレッドの低下が起き、さらに融資の拡大や債券の購入を通して信用リスクマネーが提供される。信用力の高い企業の信用スプレッドはもともと絶対値が低いため、その減少値は限られるが、信用力が相対的に低い企業（主に中小企業）向け融資の信用スプレッドの低下幅は相対的に大きなものとなる。この状況は、信用評価が

---

17 たとえば業種集中など。
18 格付でいえばBB、Bのような投機的等級に投資する投資家。

変わり期待損失率が低下したか、または信用評価に変化がなく期待損失率の不確実性に対する安心感の改善から期待超過収益への要求が下落したため、と解釈できる。

② 景気後退局面に入ると、一般的に信用スプレッドは即座に反応して上昇する。信用力の高い企業に対する影響は比較的少ないが、信用力の低い企業向け債権に顕著に現れる。スプレッドの上昇とともに、追加資金の提供も抑制的な状況となる。この時点のスプレッドの上昇は、主に資金提供者が好況期にもっていた期待損失率の安定性に対する安心感が反転したためと考えられる。その後、実態経済や信用リスクが継続して悪化した場合、信用スプレッドはさらに上昇する。資金供給も一段と抑制的な状況が続く。この状態は、期待損失率が上昇することを意味する場合が多く、特に中小企業や信用力の低い上場企業については将来さらに悪化するリスクが大きいと考えられがちである。このような状況は景気底打ちとともに解消されていく。

信用バブルと信用スプレッド

過去にたくさんの「バブル」と呼ばれる状況があったが、ここ20年で金融不安につながった代表的なものは、今回の米国のサブプライムローンに象徴されるバブルと1990年前後の日本のバブルである。共通することは、両者とも不動産を裏付とした融資が根となっていることである。例として、そのような「不動産を起因とした」バブルと、その崩壊において信用スプレッドがどう変化するのかを考えてみよう。

① 好景気になり、不動産価格が上昇したとしよう。もし債権者が不動産融資の担保価値の上昇＝デフォルト時の回収率の上昇ととらえた場合、債務者の期待デフォルト率が変化しなくても、期待損失率が低下する。回収率が100％と考えられれば、デフォルト率に関係なく、期待損失率は０％となる。実質無リスク信用商品に変貌する。このような状況では不動産の担保がある限り、いかに期待デフォルト率が高くても融資が可能になる。し

かし、不動産の価値は価格変動リスクを伴うものであり、その将来価値については保守的に評価されるべきものである。評価が十分保守的であれば、通常は想定回収率が100％となりえず、担保不動産の価格が信用スプレッドの過度の低下や過剰融資の拡大に結び付くことはない。したがって、通常の好景気とそう変わらない信用リスク判断となる。

② それに対して、過剰流動性を背景として、信用評価の基本を無視した不動産価格分析を行う資金提供者が出てくると、上記のように期待損失率が０％に近づくと判断し、信用リスク分析の必要性が低下する。その結果、信用リスク分析にコストをかけない不動産担保融資が拡大し、信用スプレッドが極度に低下していく。こうした資金はノンバンク、不動産会社、建設会社[19]などに提供され、不動産投資・開発関連産業の実需を刺激した。また他のセクターでも、不動産を担保に企業の中核事業と関連性の薄い活動に資金が提供された。このような資金は設備投資等を通して実体経済に向かうとともに[20]、資金投資として金融市場にも還流し、さらなる景気拡大や株価の上昇を起こした。過剰流動性は債券投資家の資金調達コストの低下ももたらした[21]ことはいうまでもない。

また、このような状況において、期待損失率が不利なほうに変動する不確実性が極度に低下し、信用リスク分析の必要性が低いと判断する投資家が市場に増えれば、それに引きずられて信用分析コストさえもスプレッドに反映されなくなる。結果として、信用スプレッドの縮小にさらに拍車がかかる。融資においても債券投資においても、こうした状況は健全な信用リスク分析を妨げ、過剰な信用供与をもたらす。1990年前後の日本のバブルはこのような状態にあったと考えられる。

---

[19] 日本のバブル崩壊後、ノンバンク、不動産会社、建設会社は「3業種」と呼ばれ、過大融資されたセクターを代表した。
[20] 必ずしも実需を持続的に刺激しない資金といえる。
[21] 日本のバブルでは多くの企業が事業用資金需要ではなく、「財テク」として債券や株式運用資金のためにファイナンスを行った。特に転換社債や分離型ワラント債のような株式価値が内包されるものでは、企業の実質調達金利はマイナスであった。

第1章　信用リスクと信用スプレッド　17

今回の米国のバブルは、不動産担保融資[22]の資金が主に証券化によってファイナンスされ、ローン提供者が実質的に信用リスクをとらないビジネスモデルを可能にし、問題を悪化させた。以下仕組みを簡単に説明する。
　まず、ローンの提供者は積み上げた不動産担保融資ポートフォリオを金融機関に売却し、融資資金を短期のうちに回収する。回収された資金はまた新しい住宅ローンに向かう。一方で、金融機関はSPV（Special Purpose Vehicle、第5章第5節参照）を使って購入した不動産担保融資を裏付資産とする証券化商品を発行し、リスクを投資家に移転する。この証券化の過程で、信用リスクの専門家であるはずの格付会社が不適切な格付評価を下し[23]、投資家に期待損失率が低いという印象を与えた。そのため、こうした証券化商品に対する需要がますます高まり、不動産担保融資提供者は証券化を通して信用リスクを短期間のうちに投資家に転嫁することが容易になった。言い換えると、ほぼノンリスクの信用ビジネスモデルが成立した。一方で、こうした証券化商品はさらにリパッケージされ、リスク特性が組み替えられ、投資家に販売された。また、そのリスク部分がCDS（Credit Default Swap）として盛んに取引された。ここでは「高度な金融工学」がまるで「分析の王道」のように取り扱われ、本源的な分析対象であるべき債務者の信用リスクと不動産価格の変動リスクが軽視された。
③　不動産バブルが崩壊すると、以下の4つの現象[24]が観察される。
　A：不動産価格の下落により、不動産担保融資およびその関連融資に信用損失が発生し、それを主要因とする「金融不安」が発生する。金融機関の信用リスクの上昇を懸念して銀行間の与信取引が円滑さを失い、インターバンク市場での短期金利が上昇する。銀行の資金調達は圧迫され、

---

[22]　主に居住用住宅ローンであり、融資主体はモーゲージバンクと呼ばれるノンバンクであった。
[23]　サブプライム住宅ローンを中心に、実際にAAA格の証券化商品の急激な格下げが発生し、「格付の失敗」とみなされる証券化商品案件が多数発生している。
[24]　4つの現象が必ず発生するわけではないが、米国のサブプライムローンに象徴されるバブルと1990年前後の日本のバブルでは、同様の現象が起きている。

融資に対して相当抑制的にならざるをえない。債券投資家にとって、資金調達コストが上昇する。

B：債券市場では銀行の体力低下が発行体のリファイナンスリスクの増加として意識され、不動産関連会社以外の企業に対する期待損失率も高まる不安が広まる。投資家にとっては、こうした不安を相殺するための必要な期待超過収益率が高くなり、期待損失率に対する見方自体も悪化し、発行体に要求すべき信用スプレッドが急拡大する。

C：その後実体経済の悪化が顕在化し、幅広く各セクターの債務者に対する期待損失率がさらに上昇する（この時点では一部を除きデフォルトによる実損が広く起こっているわけではない）とともに、継続して悪化する可能性も強く意識される。投資家にとっては、発行体に要求すべき信用スプレッドは非常に高いものになっていく。

D：いよいよ実体経済の悪化により、実際のデフォルトが多発することとなり、このことが、さらに銀行の体力を奪うこととなる。「金融不安」が「金融危機」と呼ばれるような状況となり、Aで説明した銀行の状況がさらに悪化し、銀行自身の破綻も起きる可能性が意識される。債券市場も最悪の場合、機能麻痺の状態に陥る可能性がある。結果として融資、債券による実体経済に対する資金の提供機能が働かなくなることが、実態経済の悪化にさらに拍車をかけることとなる。

このA⇒B⇒C⇒Dは、実体市場では非常に速いスピードで発生する。このような状態が起きることを「信用収縮」という。この信用収縮は市場へのてこ入れ政策や深刻な場合には政府による銀行の救済などにより、信用供与力が再生されることで収束に向かう。しかし、実体経済の復活には歳月がかかるため、期待損失率が悪化する不安感はしばらく拭えず、融資や債券の信用スプレッドが正常化するまでには時間を要する。

信用リスク分析と信用スプレッド

上記の例では、不動産融資を根にもったバブル発生とその崩壊の過程を考

察した。理解していただきたい最大のポイントは、信用ビジネスを拡大する欲望が信用リスクを抑制する必要性を無視・軽視したか、あるいは信用リスク分析能力が十分に機能しなかったことによって過剰な信用供与が行われたことである。

　金融危機を招くような状況は「不動産や株式のような市場性のある金融商品投資のために過剰な信用供与が行われる」ことだけが原因ではない。金融危機の発生には他の要因も当然あり、日本においては「第一次世界大戦」の特需により巨額な資金が産業界に供給され、後の「昭和恐慌」につながった。また、1980年代の中南米においていくつかの主要国で政府財政（巨額な政府負債）の問題から海外資金の逃避が起き、為替の下落を伴った「ハイパーインフレーション」による金融不安も起きている。ただし、すべての金融危機はいずれも「許容できる信用リスクを超えた過剰な信用供与が行われ、信用リスク分析がもたらす抑制機能が十分にワークしなかった」という特徴は共通している。

　先に説明したとおり、融資でも債券でも信用ビジネスの収益は信用スプレッドから将来の信用リスクを控除したものである。したがって、信用リスク評価を根本とする信用ビジネスは、将来の期待損失率の上昇の可能性を必然的に考慮するようになり、過剰な信用供与には抑制的な行動をとる。逆にビジネスの拡大が優先する経営姿勢では、信用リスク評価が軽視・無視されたり、あるいは十分な分析機能が維持されなかったりするため、過剰信用供与の原因となる。

　健全な信用リスク分析能力が備わっていれば、信用収縮が起き、実体経済が悪化している状態でも、すべての個人や企業が破綻するとは判断しない。期待損失率が上昇する幅と確率が許容レベルに収まる債務者も多数存在する評価が下せる。したがって、信用収縮が起きている局面でも、得られる信用スプレッドと対比して信用リスクが許容範囲内にあるビジネス機会を選択的に確保することが可能になる。しかしながら、信用収縮時に信用リスク分析機能が打ち出す見解を冷静に受け止め、実際のビジネスに生かすことができ

ないケースが多くある。さらに、もともと信用リスク分析にコストをかけていないか、あるいは十分な機能を維持していない者は、ただ市況や市場の状態に振り回されるのみである。

　2009年5月現在の日本の債券市場で観測される信用スプレッドから推定すると、まるで日本の上場企業の数割が今後5年程度でデフォルトするようなストレスが想定されているようにみえる。もし日本の上場企業の2割[25]もデフォルトするようなら、中小企業のデフォルト率は当然それよりもさらに高くなり、失業率も想像もつかない水準となるだろう。投資家は、このようなストレスシナリオが妥当かどうかを冷静に検討する必要がある。本来、こういうときこそ健全な信用リスク分析能力を生かすビジネスチャンスの到来ととらえるべきである。

25　たとえば5年債の市場の平均信用スプレッドが4％だとすると、単純計算で今後5年間に20％の企業がデフォルトするとも解釈できる（回収率やデフォルトのタイミングなど本来必要なポートフォリオ的分析を行っていない）。

第 2 章

信用商品の概要

はじめに

あらためて、本書で使用する信用商品用語について説明する。

〈信用取引〉

信用取引は「約束されたお金の貸し借り」である。ここでいう約束とは「約束された期日に約束された金額を返済する」ことを指す。信用取引において、お金を支払う義務を「金銭債務」、お金をもらう権利を「金銭債権」という。お金を支払う義務がある者を「債務者」、そのお金を受け取る権利を所有するものを「債権者」という。重要なことは、「金銭債務・債務者と金銭債権・債権者間の義務・権利が法的に有効かつ強制力をもつ」ことである。

〈信用商品〉

信用取引は信用商品を介して行われる。代表的なものは融資や債券である。その他、手形、期日支払債権、一部のリース形態なども信用商品の一部である。信用商品には、約束された期日に約束された金額が返済されないリスク＝信用リスクが存在する。

〈信用判断〉

本書では、信用取引の是非について判断することを「信用判断」と表現する。つまり、信用リスク評価と確保できる信用スプレッドを考慮して、取引の妥当性を判断することである。しかし、信用リスクが一定の許容範囲を超えた場合、たとえ信用スプレッドと釣合いがとれていても、取引を行わない判断になる可能性がある。特に与信判断と表記した場合は、一定レベルの信用リスクを基準として信用供与を行うかどうかを判断することを指す。

〈法的手続〉

信用商品の最も基本的な形態は「無担保」ベースの取引である。無担保債

務の返済は基本的に債務者の将来のキャッシュフロー生成能力（支払能力）と支払意欲に全面的に依存する[26]。

　債務者が約束した金額の支払を行わなかった場合、最初は「延滞」として処理される。こうした状態が一定期間継続すると、債務者本人あるいは債権者側からの申立てによって「法的手続」に移行される[27]。個人の場合、破産や民事再生が一般的な法的手続であるが、私的な整理が選択されることも多い。法人の場合、破産や民事再生のほかに特別清算および会社更生などの法的手続がある。ただし、中小零細企業に関しては、私的な整理が行われることもある。

　一般的には法的手続が開始した時点で債務者は「期限の利益[28]」を喪失する。これは当該債権が即座に満期（返済）を迎えることを意味する。債権者は通常元本と延滞利息を合計した金額が債権として認められ（破産債権、更生債権、再生債権、などと呼ばれるが、法的手続の種類によって名称が異なる）、その範囲内で回収を図ることとなる。全額回収ができないと債権者に信用損失が発生する。その差額を損失額、その比率を損失率という。日本市場における無担保債権の回収率は一般的に低く、通常0％～40％の範囲といわれる。ただし、個別性も高いことを理解していただきたい。

　なお、この章では、間接金融と直接金融に分けて、それぞれを代表する信用商品を紹介する。間接金融とは金融機関（債権者）と借入人（債務者）が相対で行う信用取引である。一方、発行体（債務者）と不特定多数の市場参加者（債権者）が信用取引を通して、資金の調達・提供を行うことを直接金融という。

---

[26] 支払能力が議論の主要対象となることが多いが、支払意欲も軽視できない重要な論点である。
[27] 上場企業などの大企業は、通常延滞を起こす前に自ら裁判所に申立てをする。
[28] 債務者が約束の期限まで債務を返済しなくてよい権利。

第 1 節

間接金融市場における個人向け信用商品

個人向け信用商品の分類

　個人向けにさまざまな信用商品が提供されている。主なものは以下のように分類できる。
① 　住宅ローン
② 　販売信用供与（ショッピングクレジット）
　・個品割賦販売（自動車ローン）
　・個品割賦販売（自動車ローン以外）
　・クレジットカードによる代金決済（1～2回払いのカードショッピング）
③ 　消費者ローン（使途自由のローン）
　・カードローン
　・カードキャッシング
　・消費者金融

　統計をみると、図表2-1より、年間の新規信用供与額はカードショッピング（1～2回払い）以外趨勢的に減少傾向にある。同様の傾向は残高ベースでも確認できる(図表2-2参照)。このことは、景気の影響、特に内需の弱さを反映しているものと思われる。昨今の景気の状況から、この傾向は続いているものと推察される。

　内訳に目を向けると（図表2-3参照）、特に自動車ローン以外の個品割賦販売（購入する商品ごとに消費者と信販会社で分割払契約を結ぶ方法）は趨勢的に減少してきており、徐々にクレジットカードに取ってかわられている(2008、2009年の経済状況から、自動車ローンも減少していると考えられる)。利用額が大きく増加しているクレジットカードによる販売代金の決済（1～2回払いのカードショッピング）は、財布がわりとして利用できる利便性とイン

図表2-1　個人向け信用供与額

(10億円)

2003年度から2007年度までの個人向け信用供与額の棒グラフ。項目は住宅ローン、カードショッピング、消費者ローン、個品割賦。カードショッピングは26,000程度から39,000程度へ増加。住宅ローンは約22,000～24,000で推移。消費者ローンは約20,000～24,000で推移。個品割賦は約6,500～8,000で推移。

(出所) (社)日本クレジット産業協会・住宅金融支援機構より筆者作成。

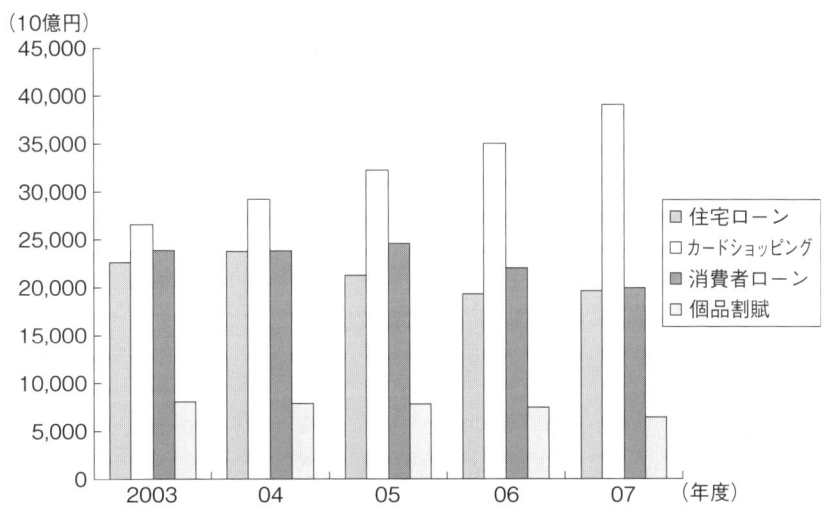

図表2-2　個人向け信用残高

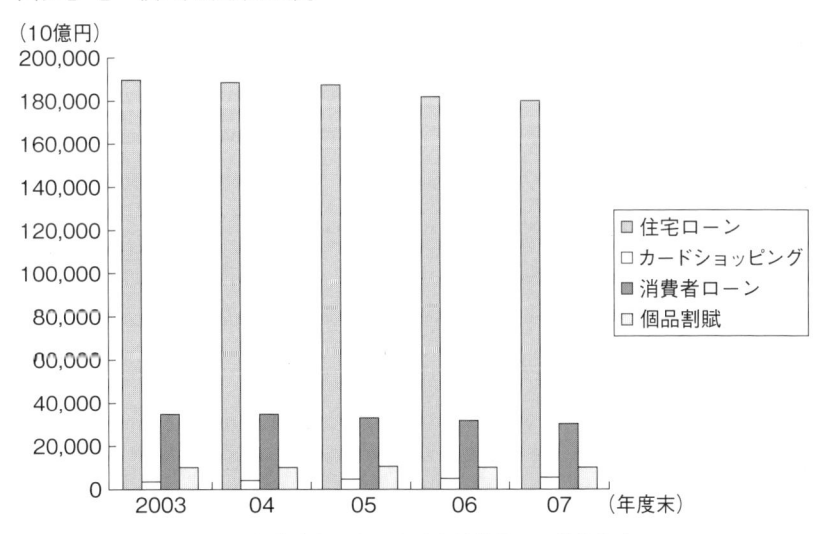

(10億円)

2003年度末から2007年度末までの個人向け信用残高の棒グラフ。住宅ローンが約180,000～190,000で最大。消費者ローンは約30,000～35,000。カードショッピングと個品割賦は1万前後と小さい。

(出所) (社)日本クレジット産業協会・住宅金融支援機構より筆者作成。

図表2-3　販売信用（残高）

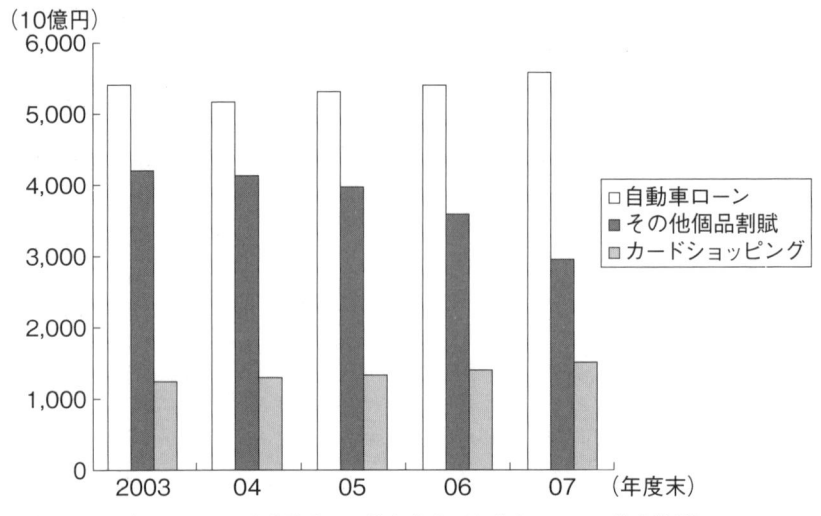

（出所）㈳日本クレジット産業協会より筆者作成（自動車ローンは筆者推計）。

ターネット取引での決済利用が成長理由と考えられる。個品割賦は相対的に高額の商品（自動車を中心とした耐久消費財）の購入に利用され、クレジットカードによる割賦は相対的に小額なものが対象であったが、特に昨今は500万円のような高額の利用枠を設定するカードが販売促進され相対的に高額な割賦も取り込んでいくと考えられる。一方、「割賦販売法」の改正が施行され、今後消費者のカードショッピングを含む[29]割賦利用額はその「支払可能見込額」によって制限を受けることになる。当該改正法の実質的運用が現時点では不透明であるが、自動車ローン以外の割賦販売は大きな影響を受けるものと考えられる。趨勢的に利便性が高いカードショッピングが主流をなしていく状況は続くと考えられる。

　消費者ローン（図表2-4参照）も残高が減少してきている。その理由は景気の低迷ばかりでなく、「過払金返還請求」の問題を背景に消費者金融が減

---

[29] カードショッピングの場合、ボーナス払いなど2～3回に分けて支払う場合も割賦販売とみなされると思われる。

図表2-4　消費者ローン（残高）

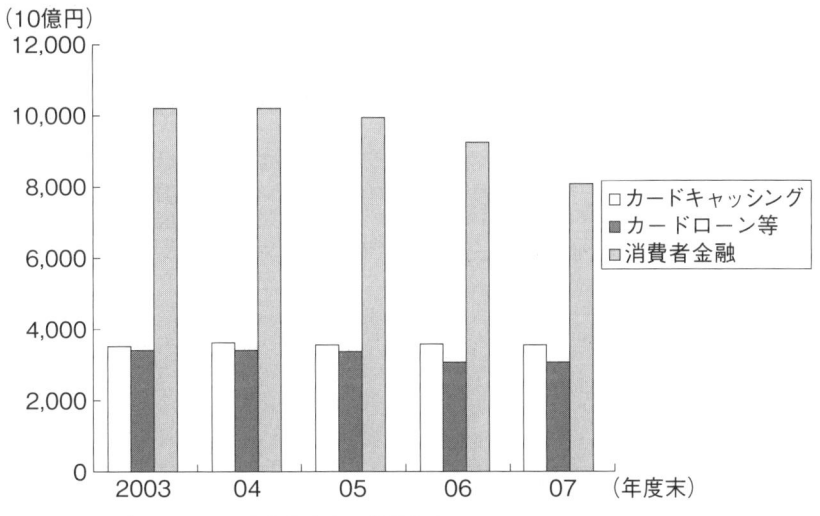

(10億円)

凡例：
- カードキャッシング
- カードローン等
- 消費者金融

（出所）㈳日本クレジット産業協会より筆者作成。

少したことも大きい。さらに、個人債務者向け貸付の限度額を年収によって規制する「貸金業法」の改正・施行が決定されていることから、消費者ローンに対する需要・供給のバランスも流動的な状況にある。貸金業法における「総量規制」とは、債務者の年収を確認し、貸出枠を年収の3分の1としなければならない規制である。2010年6月の施行予定。

つまり、クレジットカード（以下「カード」）によるショッピングとキャッシングは個人向け金融（小口金融）の主流となってきており、この流れはしばらく変わらないだろう。しかしながら、割賦販売法の改正と貸金業法の改正は信用供与の法的位置づけが異なるとはいえ、両者とも類似の性格を有する規制であり、利用者に対する実質的な「総量規制」ととらえることもできる。つまり一債務者が利用できる個人向けの小口金融の総額が限定されることになり、利用者は枠の選択[30]を迫られるようになる。そのため、今後カード会社を中心として業界の競争状況は相当熾烈なものとなると考えられる。

第2章　信用商品の概要　29

住宅ローン

　日本市場において、住宅ローンは主に金融機関と住宅金融支援機構によって提供されてきた。住宅金融支援機構が民間金融機関の補完機能としての役割を強く意識するようになって、金融機関は着実に住宅ローン供給者としての地位を高めてきた。いうまでもなく、住宅ローンは金融機関のリーテールバンキングの中核商品である。現在機構は直接的な貸手となっていないが、商品として、民間の金融機関から提携ローンを買取りする「フラット35」というような商品を展開している[31]。これは機構が証券化目的でローンを買い取ることを前提に金融機関が借入人に融資を行う商品であり、実質的に機構のローンと変わらない。しかしながら以前は、圧倒的な存在感をもっていた機構のマーケットシェアは金融機関に取ってかわられてきている（図表2-5参照）。

　これは機構が長期固定金利のみを提供し、融資比率＝LTV（Loan To Value、通常80％～90％以下）の設定なども画一的な商品設計になっていることに対して、各金融機関が、変動・固定金利選択権付きのものや融資比率であるLTVが100％（住宅価格と同額のローン）のローンも提供するなど機構よりも柔軟な商品設計を行ってきた結果であろう。景気変動の影響を当然受けるものの、団塊ジュニア世代が住宅購買期を迎えることに加え、団塊世代の既存住宅のリフォーム・ニーズも趨勢的に増加することを考えると、住宅ローンに対する需要はまだ上昇する余地があると思われる。

　個人向けの信用商品において、住宅ローンは信用リスク分析にコストをかけ、債務者ごとに信用スプレッドを設定できる経済合理性がある数少ない商

30　「枠の選択」とは、結局「どのカード会社のカードを選択するか」という利用者側からの業者の選別へと結びつく。業者からすれば「いかにして最初に選ばれるカードとなるか」が競争上もっとも重要な要件となることを示唆する。
31　その他「フラット35（保証型）」などがあるが、こちらは金融機関のローンに機構が保証をつけるものである。

図表2-5　住宅ローン（シェア）

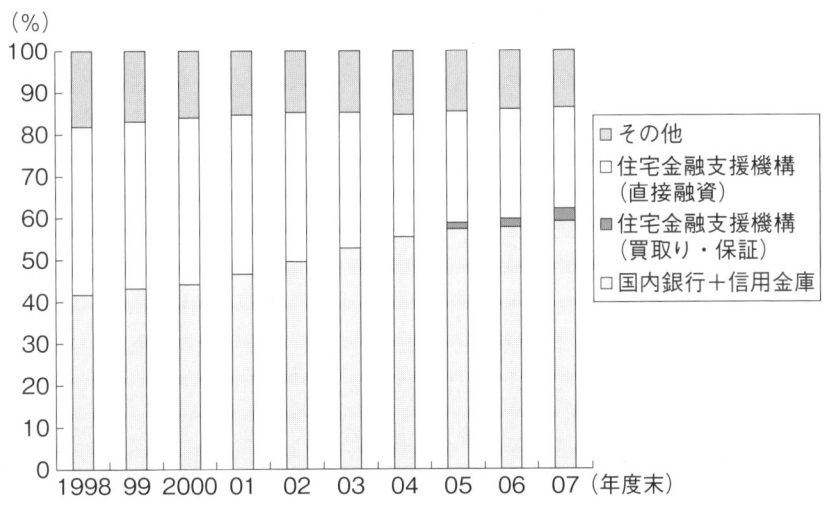

凡例：
- その他
- 住宅金融支援機構（直接融資）
- 住宅金融支援機構（買取り・保証）
- 国内銀行＋信用金庫

（出所）　住宅金融支援機構より筆者作成。

品の１つである。また、実質的に有効な担保を有するため、債務者のデフォルトリスク以外に担保物件の将来価値が評価の対象となるべきである。しかし、過去のデフォルトデータや債務者の属性から期待デフォルト率を算出する努力が行われているものの、最大のマーケットシェアをもつ住宅金融支援機構が純粋な形式審査方式[32]をとっており、多くの金融機関も基本的に同様な方式で行っているのが実態であろう。住宅ローン提供者は個別債務者の支払意欲やキャッシュフロー生成能力（支払能力）に立脚した分析を心がけるようになれば、信用判断の精度が上がり収益性も改善（信用コストの低下）する可能性が十分にあると思われる。

---

[32] 「形式審査方式」とは借入人が年収や住宅購入金額などを証明する書類を提示し、所定の用紙に職業、在籍年数などの必要事項を記入して、条件を満たせばローンが承認される手法である。

自動車ローン（大型小口債権）

　自動車を購入するためのローンを組む場合、これまではどの会社が融資を提供するのか、重大な問題ではなかった。金利がほとんど同じだったからである。そのため、ディーラーが薦めるファイナンス会社を選択する傾向が強い。ディーラーがファイナンス会社を選ぶ一番のポイントは、審査が速いことである。なぜならば、車を購入する決断をしてからローンの審査結果が出るまでの時間が短いほど、顧客が他のディーラーに行って別の車を購入するリスクが減少するからである。そのため、各ファイナンス会社とも審査スピードに重きを置く。もちろん、審査基準の厳しさも考慮の対象になる。顧客が車の購入に乗り気なのに、審査が通らないのでは、それまでの販売努力が水の泡となってしまう。

　このように、自動車ローンビジネスでは、ディーラーとの関係が重要である。当然ディーラーからは「審査をより速く・より簡単に」というプレッシャーがファイナンス会社にかけられる。したがって、一定の率以内にデフォルトを抑えかつ簡便で効率的な審査手法を導入することが、ファイナンス会社の至上命題となる。ほとんどのファイナンス会社は、スコアリングシステム（後述）を採用して迅速な与信判断を行っている。

　自動車ローンの場合、車両の所有権はファイナンス会社に留保されるケースが多く、購入者は車両の使用者として登録される。購入者による車両の転売が制限されるため、一種の担保付ローンと考えられている。ただし、車は移動性をもつため、「車両のリポゼッション（取り戻し）」が必ずできるとは限らない。

　近年、購入者側がファイナンス会社を選択するようになってきた。自動車ローンには、信販系のローン、自動車メーカー系のローン、銀行のマイカーローン、フリーキャッシングローンなどがある。しかし、銀行のマイカーローンやフリーキャッシングローンは、他に比べて審査が厳しいため時間もかかる。ディーラーにとって使いやすいものになっていない。

カード（小口金融）

　カード会社には、信販系、流通系、銀行系などがあり、競争も激しい業界である。現在では、自社のカードを差別化するためポイント制などの付随サービスが発達してきている。

　このような個人向けの信用商品の特徴は「画一的」であることだ。たとえば、あなたがこのようなカードを利用するとき、よほどの理由がない限り、カードの条件の変更交渉をすることは不可能だ。商品の条件が顧客によってカスタマイズされることは少ない。融資金額が小額であり、個別に信用判断を行う経済性がないからだ。

　基本的に審査では与信判断の目的で、スコアリングシステムを利用する。借入人に評点をつけ、あるレベル以上の評点がある場合はカードを発行する。設定されたレベルの評点に達しない場合はカードの発行を行わない。つまり、個々の借入人の信用力に応じて信用スプレッドを議論することはほとんどない。個人向け信用商品のなかには、広告で「x％～y％」と金利を表示しているものもあるが、低いほうの金利が適用されるためにはかなりのハードルを越えなくてはならない。また、保証料や手数料などの名目で実質金利が調整されることもある。

　カードの与信を行う場合、個別審査は「入口審査」となっている。一定レベルの条件を満たせばカードが発行され、その後のパフォーマンス（使用率・延滞率）を元に利用限度額が調整（増加・減少）されてきた。その過程では、あらためて年収の確認をするなどの調査はほとんど行われなかったのが実情である。しかし、今後実施される貸金業法の「総量規制」や割賦販売法の「支払可能見込額」に対応するためには、客観的な年収データが必要であり、今後、この点は変化していくことになるだろう。

　いずれにしても、カード会社は当初からある一定レベルのデフォルトを想定している。ただし、デフォルトはポートフォリオに発生するデフォルト率として把握され、債務者一人ひとりのデフォルト率としてとらえることはな

い。つまり、何万人、何十万人、何百万人の債務者のうち、どの程度がデフォルトするかを問題にするのである。審査の目的は、残高の増加による金利収入の増加をねらいつつ、ポートフォリオのデフォルト率を一定レベルに抑えることにより最終的な利益を増大させることである。競争が激しいことも考慮すると、顧客属性によってポートフォリオの細分化を行うことで顧客の選別化（違う信用スプレッドを適用する）が進むことは考えられる。そのためには、現在のスコアリングシステムのレベルアップが必要となる

　最近、500万円を貸出枠とするカードもある。このような高額カードの場合は、債務者一人ひとりについて個別に審査する必要がある。資金使途や返済資金の出所など、債務者からヒアリングする能力などカード会社の審査能力が重要なノウハウとなっている。

消費者金融

　過払請求の問題で消費者金融業界は混乱状態にある。残高も大幅に減少し、最終的に大手の一角しか生き残りは図れないかもしれない。消費者金融は小額（たとえば10万円）のリボルビング払い[33]のキャッシングローンである。多くの利用者にとって、消費者金融業界は「限界借入先[34]」である。債務者が消費者金融業者から融資を受けることができる限り、他の信用商品（負債）をデフォルトしない場合が多い。逆にいうと、マクロ要因（失業の増加など）に変化がなくても、この業界が融資を絞ると他の小口金融のデフォルトが増加する傾向がある。また、消費者金融業界が融資を抑制すると、違法な金融に債務者が流れることが指摘されている。

---

[33] 借入可能額を設定し、その範囲内で随時自由に借入れが可能。返済は「最低額」が設定されている場合が多い。利払いとその最低返済額を支払えばよい返済方式のローン。
[34] 一番審査が通りやすいが、信用スプレッドも一番高い。

第 2 節
間接金融市場における企業向け信用商品

企業向け信用商品の分類

　銀行融資などの間接金融は相対取引のため、債務者から各種の条件緩和・変更や支払の猶予などを要請され、ネゴシエーションが発生する可能性がある。この点、債券発行などの直接金融と大きく異なるところである。ただし、間接金融でも手形債権を利用した融資は、「不渡り」と認定されるデフォルト要件が制度上厳密かつ明確に定義・運営されていることを指摘したい[35]。さらに、手形割引を行う場合、債務者が実質複数名存在する（振出人と裏書人）ことになり、単なる手形貸付よりも通常、信用力が高くなる[36]。

　企業向けの代表的な信用商品は、もちろん銀行融資であるが、これにはいろいろな形態が存在する。そのほかにも、ノンバンクが提供するリース、企業間の買掛・売掛取引、さらに政府系機関が提供する信用補完制度などがある。商工ファンドも企業向け融資を行っているが、経営者向け消費者金融の色彩が強い。

　企業向けの信用商品を整理すると、以下のイメージ（図表 2-6 参照）となる。提供される個別の信用商品・サービスに相違点は存在するが、融資形態全体の利用傾向をとらえるとこのようになる。

一般的な銀行融資

　一般的な銀行融資は短期と長期に分かれる。短期融資を代表するものは

---

[35] 2回の未払い（手形の不渡り）で銀行取引停止となる。ただし「手形のジャンプ」と呼ばれ、決済日がより長い手形と差し替えることがある。実質的な償還延長である。
[36] 一概に信用力が高くなるとは言い切れない。その効果を測るためには、連鎖倒産の可能性（デフォルトの相関）を見極める高度な信用リスク分析が必要である。

図表2-6　融資形態（イメージ）

	信用力が高い大手企業	信用力がそれほど高くない上場企業	信用力が堅実な未上場企業	中小零細企業
当座貸越	○	△	△	
手形貸付		○	○	
手形割引				○
無担保証書貸付	○	○	○	
担保付証書貸付				○
私募債	○	○	○	
リース	○	○	○	○
企業間信用	○	○	○	○
制度金融				○

「当座貸越」「手形貸付」「手形割引」であり、長期の典型は「証書貸付」である。このうち当座貸越は一定額の範囲内で資金を引き出せるファシリティー的なものとして、主に企業の運転資金対応目的で使われている。手形割引は取引先の手形を担保として融資を受けるものである。そのほか私募債の受託は、長期融資の代替としての性格を有する。参考までに、図表2-7に各残高の推移を示す。ちなみに2007年度末の主要124行の貸借対照表では預金受入額が565兆円であったのに対し、貸出額は446兆円であり、預貸率は79％となる。社債への投資額31兆円も含めると、対預金で84％となる。一方国債への投資額は78兆円あり、預金受入額の約14％に当たる。つまり、受け入れた預金からリスクを伴う信用商品などに投資されている金額を引いたものが、無リスク商品とみなされる国債等で運用されている。預貸比率の低さから、日本の市場は「オーバーバンキング[37]」の状態にあるといえよう。

---

37 「オーバーバンキング」の定義は各種存在するが、本書では単純に、預金額に対する貸出額の差でとらえている。

図表2-7　国内銀行貸出残高の推移

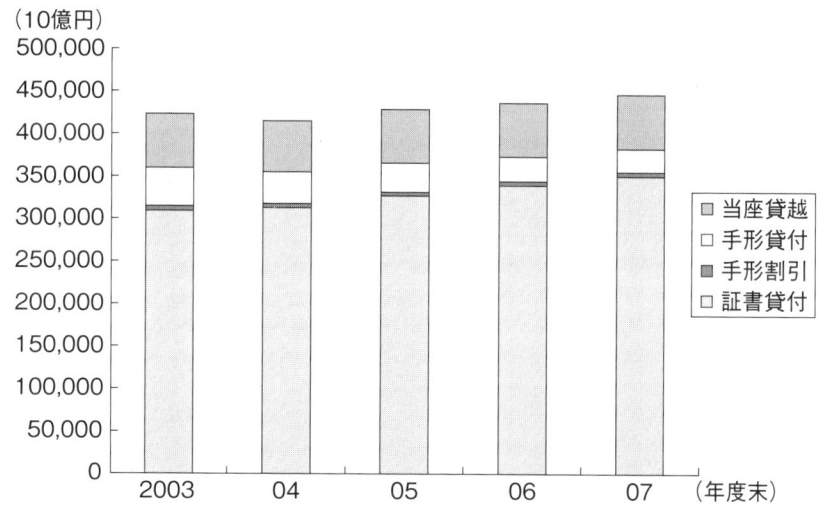

(10億円)

凡例：当座貸越／手形貸付／手形割引／証書貸付

(出所)　全国銀行協会より筆者作成。

リース

　リースにも多くの種類がある。図表2-8はリース取扱残高の推移である。信用取引としては、ファイナンスリースかオペレーティングリースで分類される。残高で示されているものの多くは、ファイナンスリースといわれている。

　純粋な信用商品と考えてよいのは、ファイナンスリースである。ファイナンスリースの重要な要件は「解約不能であること」である。つまり、リース機器が陳腐化したのでリース期限が来る前にリース物件を引き上げてもらっても、残存のリース料の支払義務が残る。ほとんどの場合は、その時点で支払リース料の残額を違約金として支払うことでリースを解約することになる。したがって、信用リスク分析上、リースは、実質担保付・期限前返済可能な信用商品と同じものととらえられる。リース料を支払う義務は、債務としてレッシー[38]が負い、リース料を受け取る権利は債権としてその所有者

第2章　信用商品の概要　37

図表2-8　リース取扱残高

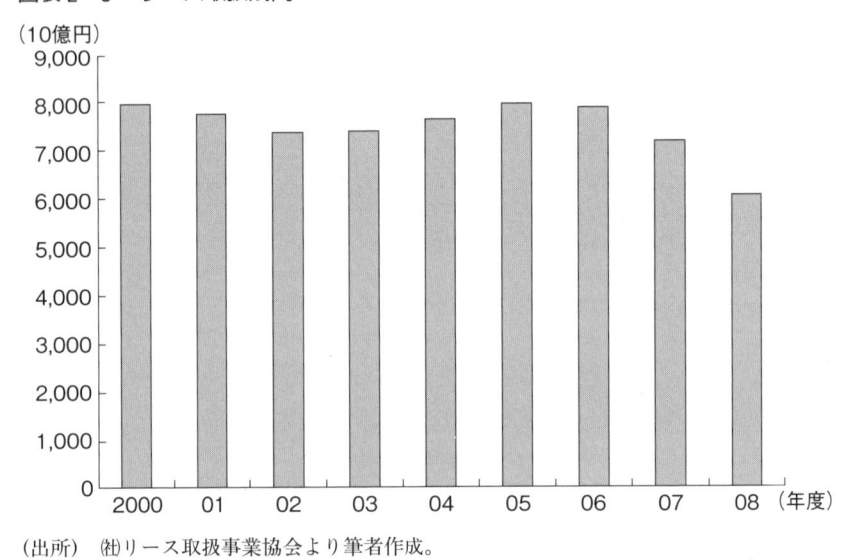

(10億円)

年度	残高
2000	約7,950
01	約7,770
02	約7,380
03	約7,420
04	約7,670
05	約8,000
06	約7,920
07	約7,240
08	約6,120

(出所)　㈳リース取扱事業協会より筆者作成。

(これは必ずしもレッサーである必要はない)が債権者となる。

　実質解約違約金なく中途解約可能なものはレンタルと考えていたほうがよい。つまり、レッシーがリース物件を返却すると、それ以上のリース料は発生しない。信用商品と考えるには疑問が残る。オペレーティングリースは、信用リスク分析上レンタルと考えておくほうが健全である。長期契約のオペレーティングリースであっても、「いつでも違約金なしに解約できる」のであれば、通常は債務者にリコース[39]できる信用商品としてみなせない。あえて信用商品と分類するならば、リース機器を担保としたノンリコースローン(後述)、つまりレッシーに対する信用供与ではなく、リースしている物件の価値(将来どれだけリース料を生み出すか)を考慮した金融商品ととらえることができる。

---

[38]　リース取引においてレッシーは機器などのリースを受けリース料を支払う義務があるもので、レッサーはその機器などの所有権を所有するものである。
[39]　法的に支払請求ができる。

企業間信用

　企業と金融機関間の信用取引のほかに、企業同士の信用取引も存在する。企業の売掛金・買掛金の部分である。企業が債権者になっていると同時に債務者にもなっている。その残高は銀行の短期融資額を超える巨大なものであり、買掛サイドにとっては実質的な資金借入れ、売掛サイドにとっては実質的な資金貸付であり、企業にとっては重要な短期資金調達手段である（図表2-9参照）。旧来売掛金・買掛金の決済は手形が利用されてきたが、現在では大手企業のほとんどは期日支払取引に移行している。中小企業でも手形の利用は趨勢的に減ってきた。こうした傾向には、印紙税と手形保管コストの問題が影響している。今後の電子記録債権制度[40]がどのような形で実務に生かされていくのか見守っていく必要がある。

　日本において、企業の部品・原材料調達や商品の流通などに商社が大きな

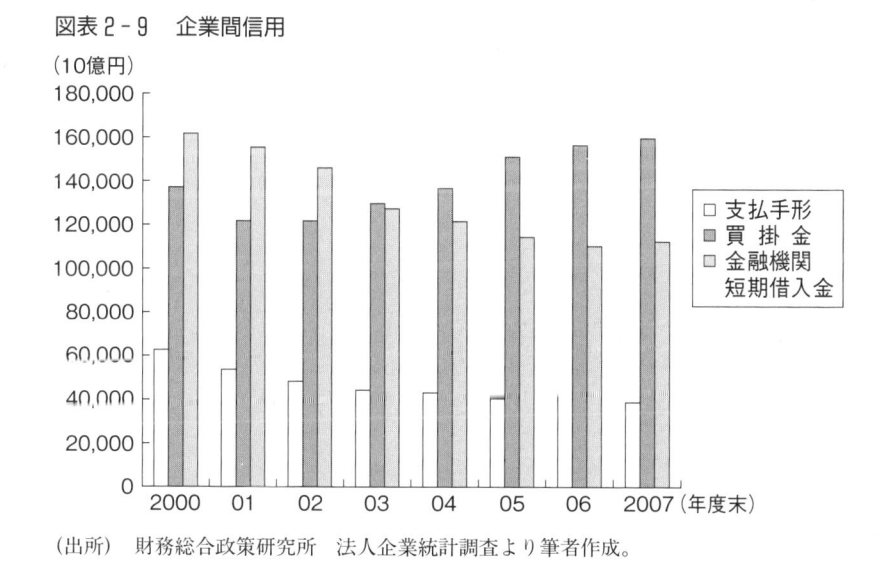

図表2-9　企業間信用
（10億円）

（出所）　財務総合政策研究所　法人企業統計調査より筆者作成。

---

[40] 金銭債権の取引の安全・流動性の確保と利用者保護を実現することを目的として、電子的な記録により、従来の手形や指名債権とは異なる類型の債権を成立させる制度。

役割を果たしてきた。商社は現金ではなく手形などを受け取り、企業との取引に応じた。商社金融と呼ばれるものである。その意味では、商社は中小企業向けの信用取引の主体の1つといえるかもしれない。商社金融は動産を担保にとる場合もあるが、散逸の危険性が非常に高いので、実質無担保の短期信用取引に近い。

制度金融

　これらの民間金融のほか、「制度金融」が存在する。制度金融は、政府・地方自治体による低利融資や支払保証などで、多くの中小零細企業が利用している。制度金融は政策的色彩の強い金融であることから、その商品設計が時代のニーズに対応する形で変遷している。ただし、制度金融は目的と規模において「あくまでも民間を補完する」ものでなくてはならない。

シンジケートローン

　シンジケートローンはある債務者に対する1件の融資を複数の銀行が協同して行うものである。通常アレンジャー銀行（メインバンクであることが多い）が他に呼びかけ、シンジケート団を結成する。通常の長期融資（タームローン・TL）とコミットメントライン（CL）などの「融資の引出し枠」の2種類がある。コミットメントラインの契約期間は通常1年未満であるが、そこから融資されるローンは長期の場合と短期の場合がある。シンジケート団は主に提供された情報をベースに信用リスク分析を行う。

　近年その組成額が確実に伸びており、累積された残高が急増している（図表2-10、2-11参照）。残高ベースではタームローンは非公開企業の残高のほうが上場企業より多く、シンジケートローンが中堅企業に浸透していることがうかがえる。それに対して、コミットメントラインは上場企業が中心である。ただし、日本のシンジケートローンは米国に比べ1件当りの組成金額が小さい。また、米国ではシンジケートローンの取引市場が形成されているが、日本においてはその規模はいまだ小さい。将来、契約内容がさらに標準

図表2-10　シンジケートローン組成金額

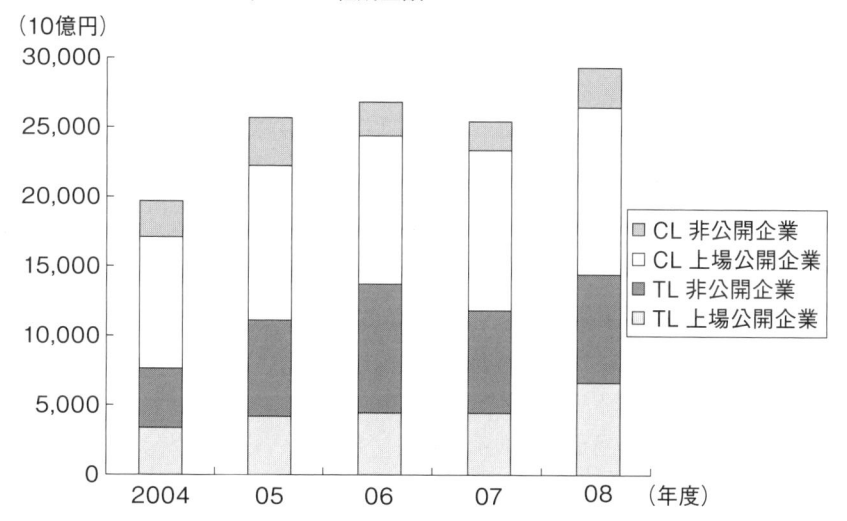

(10億円)

凡例:
- CL 非公開企業
- CL 上場公開企業
- TL 非公開企業
- TL 上場公開企業

(出所)　全国銀行協会より筆者作成。

図表2-11　シンジケートローン残高

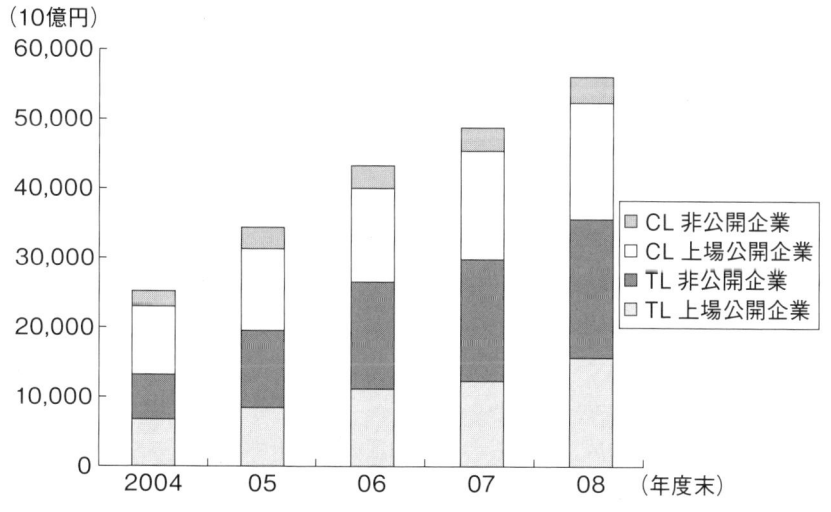

(10億円)

凡例:
- CL 非公開企業
- CL 上場公開企業
- TL 非公開企業
- TL 上場公開企業

(出所)　全国銀行協会より筆者作成。

化されれば、シンジケートローンの流動性が大きく改善すると期待される。

コベナンツ

コベナンツとは、融資や社債の発行にあたって債務者企業が債権者に対して行う約束である。典型的なものとしては、財務比率を一定レベル以上・以下に制限する財務制限条項などがある。もし制限条項に抵触すれば、新たな借入れができない、担保を差し入れる、期限前返済を行わなければならないなどのペナルティーが科される。こうしたコベナンツを組み込んだ融資は上記のシンジケートローンに多くみられる。一見有効のように思えるが、制限が厳しすぎると企業の環境変化対応力や健全な成長機会を奪い、信用リスクがかえって増加する可能性がある。逆に甘すぎると、経営陣がとるリスクを一定レベル以下に制限するコベナンツの精神・効果が失われる。

ノンリコースローン

ノンリコースローンは2種類ある。①法的に物件の所有と使用者が一致しているものと、②物件の所有権が移転され所有と使用者が分離されているものである。いずれにしても基本的には担保付融資の一種である。①のタイプのノンリコースローンでは、債務の支払は債務者によってなされることを前提とする。債務者が支払を停止した場合、担保を処分して債権の回収を行う（図表2-12参照）。ただし、担保から回収できる金額が十分ではなく、債権者に損失が出た場合でも、その差額を債務者に請求する（リコースする）権利がない。債務者は担保物件さえ債権者に差し出せば、債務が消失することになる。ノンリコースローンのよいところは、債務者の再チャレンジを容易にすることである。残念ながら、日本ではこのタイプのローンをみることはほとんどなく、逆に経営者からの融資保証まで要求するケースも多い。

ノンリコースローンでは、担保価値が上昇すると考えれば、債務者の本来の返済能力を超えた融資が可能となる。このことは、信用リスク分析を行わず担保価値に全面的に頼る貸手のモラルハザードを招く可能性がある。ノン

図表2-12　①ノンリコースローン
＜通常時＞

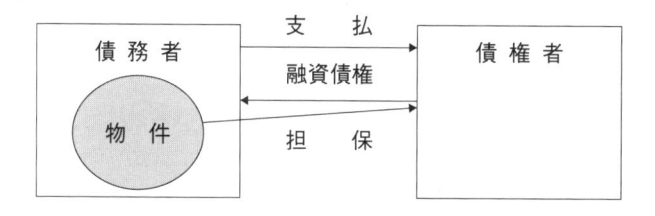

＜債務者の支払不能・拒否＞

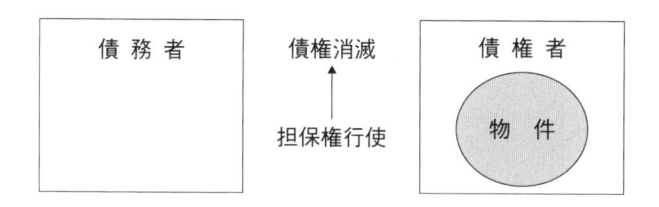

　リコースローンとはいえ、通常の返済原資は債務者のキャッシュフローであり、債務者の「支払能力」と「支払意欲」を分析することが一番重要である。債務者のキャッシュフロー生成と担保価値の相関が高い場合、さらなる注意が必要である。

　①のノンリコースローンは法的に物件の使用者＝所有者に対する担保付融資であり、破綻時の法的手続の過程で「別除権」や「更生担保権」として取り扱われることによる制限（後述）を受けることがある。

　タイプ②のノンリコースローンは、法的に「第三者対抗要件[41]」を具備した物件「譲渡」を行い、債務者の倒産手続から引当てとなる担保物件を隔離する。隔離する手段として、SPV（第5章第5節参照）の1形態である「信託」を利用する場合が多い。日本ではこちらの形式のものを一般的にノンリコースローンと呼び、不動産向け融資によくみられる。

41　第三者に対して権利者であることを主張するための法的要件。

図表2-13　②ノンリコースローン（資金調達者の破綻）

<通常時>

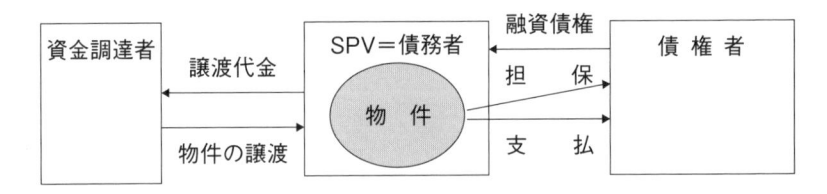

資金調達者 ←譲渡代金― SPV=債務者（物件） ←融資債権― 債権者
　　　　　―物件の譲渡→　　　　　　　　　　担　保
　　　　　　　　　　　　　　　　　　　　　支　払

<資金調達者の破綻>

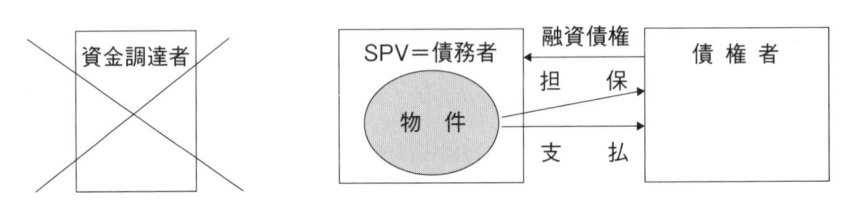

資金調達者（×）　　　SPV=債務者（物件） ←融資債権― 債権者
　　　　　　　　　　　　　　　　　　　　担　保
　　　　　　　　　　　　　　　　　　　　支　払

　図表2-13が示すとおり、この構造では資金調達者の倒産から物件が隔離されている。ノンリコースローンの支払は、物件から回収されたキャッシュフローのみに頼ることになる。一方で図表2-14が表すように、本来の資金調達者が健在でも、物件が劣化した場合には債権者の信用損失となる。そのため、担保物件の評価額と同額の融資を行うことはなく、担保価値より低い金額が設定される。近年日本で起こった商業用不動産のミニバブルの原因の1つとなったのは、このタイプのノンリコースローンである。こうした不動産ノンリコースローンは銀行の融資として盛んに行われた。外資系の場合はこのようなローンは束ねられ、主に証券化された。

ABL[42]（アセットベーストレンディング）

　近年、動産の譲渡に関する公示制度が整備され、動産に対する集合担保が

---

[42] 同じABLと表現しても、「アセットバックローン」の略称となっている場合もある。通常アセットバックローンは先に説明した②のタイプのノンリコースローンのことを指す。

図表2-14 ⓑノンリコースローン（物件の劣化）

＜通常時＞

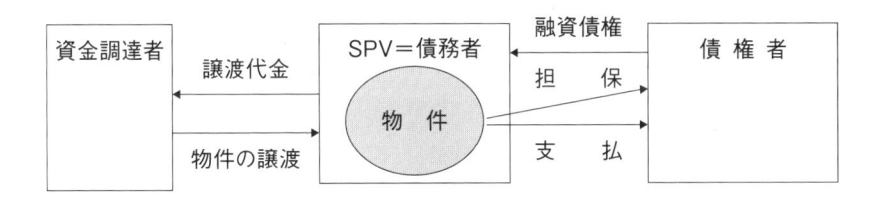

資金調達者 ―譲渡代金／物件の譲渡→ SPV＝債務者（物件） ←融資債権／担保／支払→ 債権者

＜物件の劣化による支払不能＞

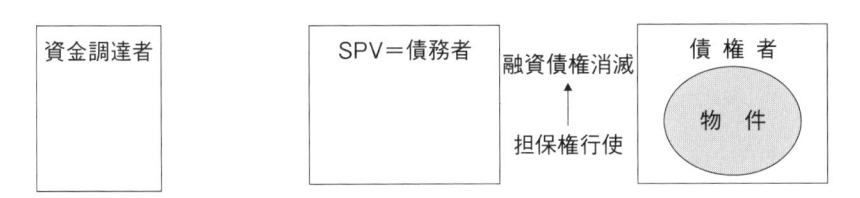

資金調達者　　SPV＝債務者　―融資債権消滅／担保権行使→　債権者（物件）

とりやすくなった。法的には譲渡担保[43]となり、信用リスク分析上は、通常の担保付融資である。不動産ノンリコースローンのように物件の実質的譲渡を構成するものではない。ABLは、主に売掛債権・原料在庫・製品在庫を担保物件とする融資である。つまり、企業の運転資金を流動資産の担保付きで融資できる。

ただし、担保価値を考慮するにあたって、以下の3点に注意しなければならない。

① 売掛債権には当然、信用リスクが存在する。さらに相殺リスクも考慮しなくてはならない。
② 担保物件の散逸（ダイリューション）のリスクがある。つまり、担保にとっている動産が本当にそこにあるという保証はない。
③ 市場価値の算定がむずかしい担保物件が存在する。担保のなかには市場

---

[43] 譲渡担保とは、担保となるべき財産を法形式的には譲渡の形で所有権を担保権者に移転しつつ、債務者に担保物の使用収益を認める形態の担保。

第2章　信用商品の概要　45

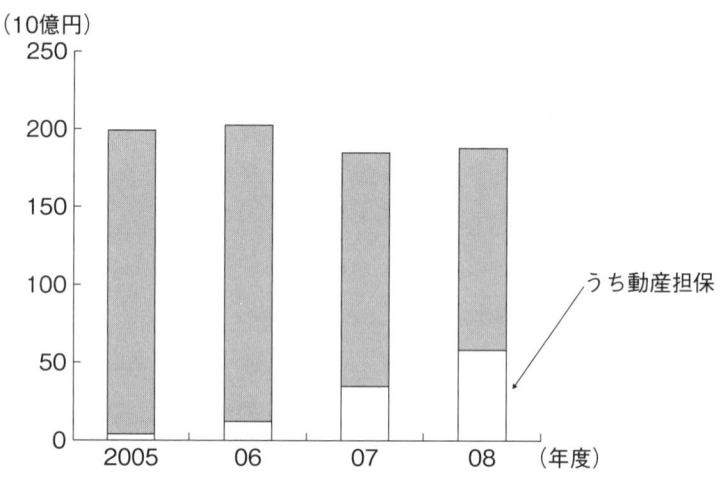

図表2-15 債権・動産譲渡担保取組額（地域金融機関）

（出所）金融庁「平成20年における地域密着型金融の取組み状況について」より筆者作成。

性のあるものもあれば、ないものもある。たとえば、原材料などは比較的市場がしっかりしており、簡単にスポット売買が可能なものもある（例：石油）。その一方で、製品在庫の価値は当該企業の倒産や比較的短期間に売却（ファイヤーセール）を行うことの影響を受け、売却価格がかなり変動（下落）する可能性がある。しかし、融資提供者の担保管理能力が高まれば、有望な信用商品に成長する可能性がある。図表2-15のとおり近年、売掛金と在庫をセットに担保設定したABLが増加しているが、評価のむずかしい原材料・製品在庫価値を積極的に評価したものはまだ少ない。

第 3 節
直接金融における信用商品

1　直接金融の関係者

発　行　体

　間接金融の場合、企業は限定された数の金融機関との相対取引で資金調達をする。直接金融では、発行体は機関投資家などの不特定多数の資金運用主体から資金を調達することが可能になる。直接金融で取引される伝統的な信用商品は債券であるため、「債券市場」とも認識されてきた。金融機関などが所有する「融資債権」も転売できる要件が整っていれば、市場で取引することは可能である。しかし、通常、融資債権は直接市場で取引されることはなく、証券化商品の裏付資産として間接的に市場で取引される。他の金融債権も証券化を利用すれば、間接的に市場で取引されることが可能になる。

　発行体にとっての最悪シナリオは、「資金調達ができない」ことである。自分が妥当と思うレベルより高い金利を支払っても、継続的に資金調達ができることは大変重要である。資金調達の手段は多いに越したことはない。銀行融資や債券発行だけでなく、ストラクチャードファイナンス的手法も含めあらゆる調達方法を日頃から比較研究することは、資金調達の安定性に貢献するだけでなく、資金コストの低下にもつながる可能性がある。

投　資　家

　投資家の基本は許容・理解できるリスクの範囲内で投資を行い、高いリターンを追求することである。多くの機関投資家は個人・企業から資金を預かり、それを運用することで報酬を得る。国債を買うだけなら、顧客は自分でもできるため、運用報酬を支払う意味がない。したがって、機関投資家は

国債以外の資産に投資して、顧客の満足するリターンを上げる必要がある。その主要投資対象は株式や債券などの信用商品である。

長期の資金運用[44]が目的の場合、株式と信用商品を主体とする投資理論、分散投資の概念（たとえば、自国通貨だけでなく、外国の債券・株式も運用の対象とする）、将来の物価上昇率に勝つための不動産・市況商品等への投資手法など[45]が運用の根本をなす。投資家はアセットアロケーション[46]方針に基づいて、定期的に流入する新たな運用資金や利息収入などの再投資を行う。保有資産の一時的な（長期投資の観点からみて一時的な）下落リスクを回避する手段として、保有資産の組替えを伴わないヘッジ戦略（デリバティブなどを使用）をとることもある。

中期の資金運用[47]であれば、投資家はある程度「相場の価格変動」リスクをとらざるをえない。ただアセットアロケーション方針に基づいて投資するだけでは、顧客が期待する収益性を確保することができない可能性がある。ある程度積極的な資産売買を行うことによって、収益の向上をねらう必要がある。

短期の資金運用であれば、基本的に信用力の高い短期信用商品（CPなど）を投資対象として、マチュリティーマッチ[48]を行うことが重要である。短期資金をその他の方法で運用することは、相場の短期の変動から収益を得ようとするスペキュレーション[49]とみなされることが多い。しかし、短期売買を繰り返す投資家が存在しなければ、市場に厚みは出ないのも事実である。

---

[44] 年金・生命保険資金の運用など。
[45] 昨今の資源価格の変動を考慮すると、関連株式でその上昇をヘッジするよりも、直接資源価格市場で投資するほうが効率がよい場合もある。また「非兌換貨幣」である「通貨」そのもののヘッジとして、「金」への投資も考えられる。
[46] 大まかに金融商品別に運用資金の分配比率を決めること。
[47] 5年程度の資金で、投資信託や損保会社の運用資金、また多くの銀行の資金運用はこの分野に入る。
[48] 調達資金の期限と運用の期限を合わせる運用戦略。
[49] 短期間で売買を繰り返すことで収益性をあげようとする資金運用方法。

超長期の債券発行が少ないため、年金・生命保険会社の投資対象となりうる債券のデュレーション[50]は、彼ら自身がもつ債務（年金・保険支払義務）と比較してどうしても短くなる。現状では、デュレーションを一致させることより、資金運用はベンチマークとなるインデックスのパフォーマンスとの比較で評価されることが多い。それでもそれぞれの商品特性（デュレーション）に応じて、損保は中期の債券を、生保は長期の債券を好んで投資する。デュレーションのマッチは好ましいが、他の投資要素と合わせて考慮されるべきものであろう。

証券会社

証券会社の機能は、大きく2つに分類される。
① 証券売買仲介
② 新規発行商品の市場への提供

①の機能は「セカンダリーマーケット（流通市場）」に関する機能であり、証券会社の販売部門が担う業務である。金融商品の代表的な取引方法は2種類ある。1つは「市場取引」であり、いわゆる上場株式などで採用されている方法である。もう1つは仲介による「相対取引」であり、「店頭市場（OTCマーケット）」などと表現される。債券の売買は、ほとんどこの「店頭市場取引」である。仲介者である証券会社は、ある程度「自己ポジション」をもつことによって売買する顧客の利便性を高めているが、すべての債券を対象にしているわけではない。仲介機能がうまく機能しているかどうかによって、債券の流動性が大きく変わる。

②の機能は「プライマリーマーケット（発行市場）」に関するもので、新規発行される債券を投資家に販売する機能である。通常、発行体はセカンダリー市場で観測される信用スプレッドを参考に、自社に有利なタイミングで

---

50 金利も考慮に入れた債券の実質残存年数。

債券の発行を検討する。この業務は証券会社の引受部門が主に行い、債券販売部門とのせめぎ合いでプライシングが決定され、投資家に販売されていく。

債券をプライマリーで引き受けた証券会社は、流動性を高めるセカンダリー仲介業務を積極的に行うことが期待される。それが投資家にとって望ましい証券会社の姿といえる。

格付会社

債券市場で取引される大半の債券は、格付会社によって格付が付与されている。債務者の信用リスクに対する「中立的な第三者の意見」として利用されている。実際に市場で取引されている債券の信用スプレッドを観察すると、格付と一定の関係が認められ、投資家が参考にしていることがわかる。また、格付を投資基準として利用している投資家も多い。さらに、格付の利用は投資家の信用リスク分析コストを下げ、投資家と発行体間の情報の非対称性を軽減することができる。

格付は「私企業の単なる意見」であるにもかかわらず、公共財的な役割を果たしていることから、格付会社は高い品質と高い自己規律を強く求められている。投資家は、格付が参考に値する意見であるかどうかを常に検証して、各格付会社と健全な緊張関係を保つことが重要である。

2　直接金融の主な信用商品とその特徴

債券の分類

一般的に市場で流通する債券は公社債と呼ばれ、発行する主体によって図表2-16のように分類できる。国債・地方債（地方公共団体の発行する債券）と特別債（主に財投機関が発行する財投機関債）は公共債と呼ばれる。民間企業が発行する債券は、銀行の金融債と一般事業会社の発行する事業債に分類される。図表2-17から、公共債の発行残高が圧倒的に大きいことがわかる。

図表2-16　一般的な債券の分類

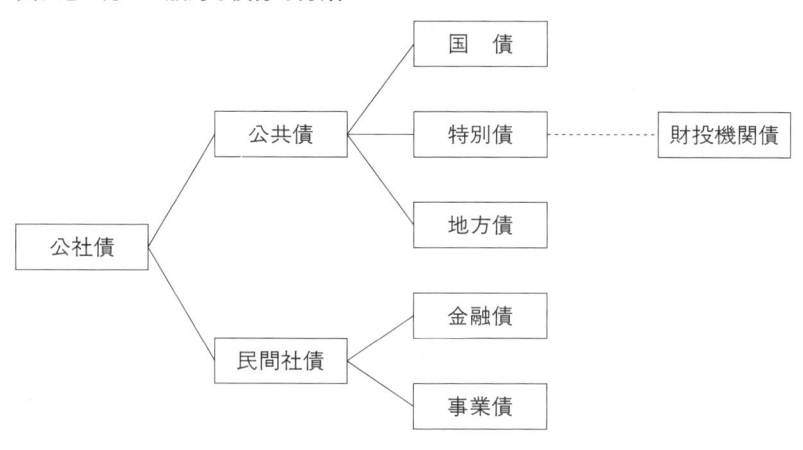

```
                    ┌─ 国　債
          ┌─ 公共債 ─┼─ 特別債 ------- 財投機関債
公社債 ─┤         └─ 地方債
          │
          └─ 民間社債 ─┬─ 金融債
                       └─ 事業債
```

図表2-17　公社債の残高（2007年）

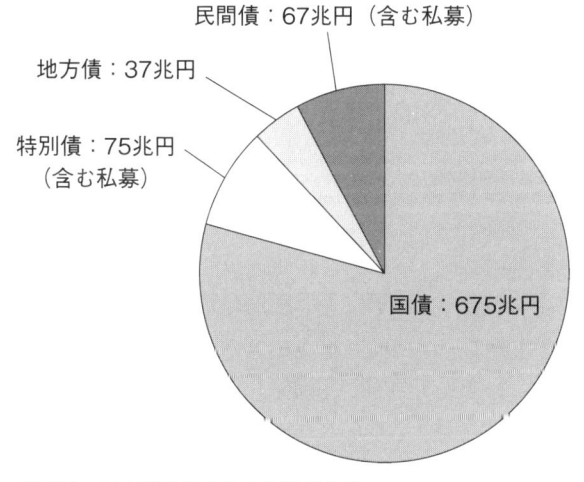

- 民間債：67兆円（含む私募）
- 地方債：37兆円
- 特別債：75兆円（含む私募）
- 国債：675兆円

（出所）　日本証券業協会より筆者作成。

図表2-18は公社債の残高を対GDP比で示したものであるが、ここでも民間債と公共債のバランスが著しく均衡を欠いていることがうかがえる。

図表2-18　公社債の残高：対GDP（2007年）

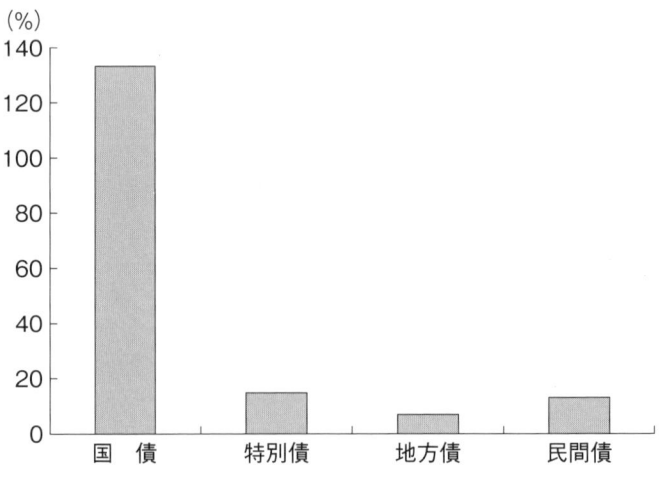

(出所)　日本証券業協会、内閣府統計より筆者作成。

国　　　債

　代表的な債券といえば国債であり、発行量、発行残高が桁違いに大きく、流動性も高い（図表2-17、2-18参照）。国債は無リスク債券として市場で認識され、信用リスクを伴う一般事業会社や金融機関が発行する社債と区別される。

　社債の信用スプレッドは、無リスク国債の利率との関連で議論される。米国では米国国債の利率、ユーロではドイツ国債の利率が無リスク金利として利用されている。しかしすべての「国債」に信用リスクが存在しないわけではない。過去に国債をデフォルトした国は実際に存在する。現在、世界各国の国債がすべて無リスク債券であると考えている投資家はいない。日本国債については「格付スプリット[51]」現象が起きており、日本の格付会社がAAAを、海外の格付会社はAAを付与している。しかしながら、市場は引

---

[51]　同じ債券に対して、複数の格付会社が異なる格付を付与すること。

き続き国債の利率を無リスク金利とみなしている。

地方債・財投機関債[52]

地方公共団体が発行する地方債や特殊法人・独立行政法人が発行する特別債は、国債に次ぐ規模をもつ。特殊法人・独立行政法人が発行する債券には、政府保証債と財投機関債のほかに特別私募債がある。財投機関債は財投改革の影響で減少した財投資金にかわる資金調達手段として、今後も増加すると考えられる。政府にきわめて近い発行体ではあるが、市場では債券に信用スプレッドがついている。これは「流動性プレミアム」として解釈されているが、信用リスクの不確実性に対する表れと考えることもできる。つまり、政府のサポートが得られる確実性は100％でない、と市場が考えている可能性がある。財投機関債に対する市場の評価はまだ完全に定まっていない。例として、住宅金融支援機構が住宅ローンの信託受益権を裏付資産として発行する債券を証券化商品[53]とみる投資家もいれば、単純に担保付財投機関債と考える市場参加者もいる。また、担保として個人向け住宅ローンがあり、政府サポートもほぼ確実（100％に近い）と判断すれば、担保付国債としてとらえることもできる。

民間社債（一般事業債券）

一般事業会社や金融機関が発行する債券である。これらの商品には信用リスクがあり、信用スプレッドが要求される。ほとんどの社債は「格付」が付与されている。金融機関も債券を発行している。金融システムを守るためのセーフティーネット[54]は、金融機関の信用力を評価するうえの重要分析項目である。

---

[52] 地方債や財投機関債の信用リスク分析についてはシリーズ別書『ハイブリッド信用商品の信用リスク分析（仮称）』で議論したい。

[53] 債券の発行額より裏付となる信託受益権の額のほうが大きい典型的な「オーバーコラテラル」な証券化商品の形態をとっている。

日本市場で債券発行できる企業は、実質的に制限されている。問題なく起債できるのは、格付がＡ等級以上の一部の優良企業であり、ＢＢＢ等級になると限られた投資家しか存在しない。日本はＢＢ～Ｂ等級の債券市場が育っておらず、投機的等級の発行はほぼ不可能に近い。投資適格等級[55]の格付を取得した優良企業のみが利用できる債券市場となっている。

公募社債

　企業が公募によって債券発行のために行う手続は非常に煩雑である。金融商品取引法に基づき、目論見書と有価証券届出書（ほぼ有価証券報告書と同じもの）を作成し開示しなければならない。加えて、引受証券会社、社債管理者あるいは財務代理人を選定し、支払事務代理人を決定しなければならない。このように債券発行には手間や時間がかかる。そこで、債券をある程度、機動的に発行できる仕組みとして、発行登録制度が設けられている。

　発行体にとって、引受証券会社との条件交渉＝金利[56]の決定は、債券発行のプロセスにおいて最も重要なことである。引受証券会社は投資家の需要動向や発行体に対するリスク選好などを考慮し、妥当と思われる金利を提示したうえで発行体との交渉に臨み、最終的にこれを決定する。もし決定された利回りが投資家の求めるものより低い場合、債券は売れ残り、引受証券会社は在庫として抱えることになる。逆に投資家に提示する金利が高すぎると、債券は瞬間蒸発的に売れ、発行体からは必要以上のコストを払わされたと苦情をいわれる。

　投資家は可能な限り少しでも高い信用スプレッドを要求し、発行体はその逆の行動をとる。証券会社は両者の間に立つため、利益相反が生じる。それ

---

[54] 本書では、「セーフティーネット」は単に預金の保護だけではなく、金融システムの健全性・安定性を維持するために金融機関の救済も行う安全網と定義する。したがって預金だけでなく、金融債も保護の対象となることが考えられる。

[55] 一般的にＡＡＡ～ＢＢＢを投資適格等級、ＢＢ以下は投機的等級と呼ぶ。詳しくは第6章参照。

[56] 発行時の債券の利回りのことである。表面金利はクーポンレートと呼ばれる。

ゆえ、証券会社は引受部門と販売部門が分離されている。引受部門は発行体の利益のために働き、販売部門は投資家の利益を代表する。発行金利が決定されるまでの緊迫した駆引きは、まさに引受部門と販売部門の間の交渉に集約されている。

また、引受証券会社は投資家保護・市場の健全化の目的で発行体に関する引受審査を行う。社債に関する引受審査は法的な開示情報の適切性（開示審査）が主な内容であったが、今後発行体の事業計画・財務内容・資金の使途の妥当性等（企業内容審査）にも重点が置かれることとなるだろう。

なお、間接金融における条件決定は、債務者企業と債権者金融機関の直接交渉で決まる。

私募発行

債券の公募発行は時間と労力がかかることから、より簡易な方法として私募発行が利用されることも多い。債券の私募発行には、従来からの方法として①プロ私募、②少人数私募の2種類がある。プロ私募とは、債券の購入・保有者をプロ、すなわち適格機関投資家に限定する方法である。少人数私募とは、債券の保有者が不特定多数とならないよう（50人未満）にする方法である。これらに加えて、③特定投資家向けの私募債券の制度が導入されており、市場が形成されている。

信託受益権

信託受益権はそもそも債券ではなく、信託財産に対する持分権を意味する。譲渡するには、譲渡について受託銀行が承諾することにより第三者対抗要件が具備される。したがって、債券に比べて流動性に乏しい信用商品である。しかしながら、証券化商品としての信託受益権がポピュラーとなるにつれて、さらに、金融商品取引法においてみなし有価証券に指定されたことなどから、信託受益権を投資対象とする投資家も増えてきた。

信託受益権は実質「融資」のような性格をもったものともとらえられる。

特にほとんどのノンリコースローンは信託を利用して行われる。また信託から融資を行い、その受益権を銀行が所有することと、銀行が直接融資を行うことは経済的には変わりがない（信託手数料はかかる）が、流動性という意味では融資そのものよりも改善される。つまり金融技術的に「融資」が「信託受益権」に変容することになり、機関投資家は融資には投資できなくても、信託受益権には投資できることから、流動性が増すと考えられる。シンジケートローンなどに利用すると流動性が期待できる。

一方、信託を利用した初期の証券化では、信託された裏付資産の受益者としての権利を信託受益権としてSPVが保有し、そのSPVが債券を発行した。その後、信託受益権を債券としてリパッケージするには手間とコストがかかるため、そのまま信託受益権を投資家に販売（譲渡）するようになり、現在上記のとおり信託受益権はみなし有価証券として定義されている。流動性の点でも、社債に近い地位を占めるようになってきている。

CDS

CDS (Credit Default Swap) は、参照債権（一般的に「参照債務＝Reference Obligation」と呼ばれるが、本書では参照債権と表記し、ある債務者への融資や債務者が発行した債券を指すこととする）が信用事由（デフォルト）に該当（ヒット）した場合に約束された金額（ノーショナルアマウント＝参照金額）を支払う契約である。2者間の契約であり、一方がそのような約束を履行することを条件にもう一方が契約期間の間CDSプレミアムを支払う。いわゆる保証料でありこのプレミアムを支払うことで信用事由がヒットした場合、ノーショナルアマウントと想定回収額の差額を受け取る権利をもつ者を「プロテクションバイヤー」といい、支払義務があるものを「プロテクションセラー」という（図表2-19参照）。

たとえば、A社をプロテクションバイヤー、B社をプロテクションセラーとし、P企業のある社債を参照債権とし、1億円のノーショナルアマウントで、3年間のCDS契約を3％のプレミアムで結んだとしよう。この場合、

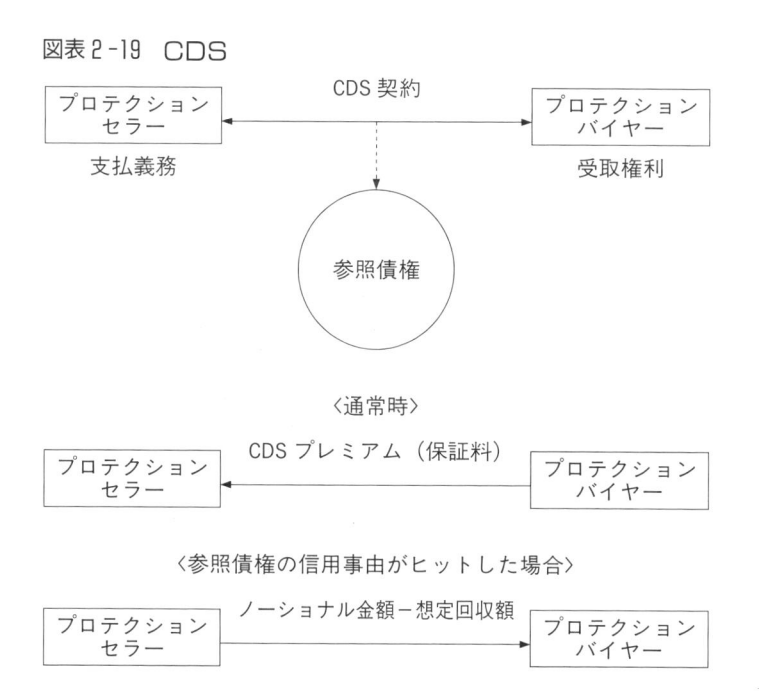

図表2-19　CDS

```
┌──────────┐      CDS契約      ┌──────────┐
│プロテクション│ ←──────────── │プロテクション│
│  セラー   │                   │  バイヤー  │
└──────────┘                   └──────────┘
  支払義務                           受取権利

              ┌─────┐
              │参照債権│
              └─────┘
```

〈通常時〉

```
┌──────────┐ CDSプレミアム（保証料） ┌──────────┐
│プロテクション│ ←──────────────── │プロテクション│
│  セラー   │                        │  バイヤー  │
└──────────┘                        └──────────┘
```

〈参照債権の信用事由がヒットした場合〉

```
┌──────────┐ ノーショナル金額−想定回収額 ┌──────────┐
│プロテクション│ ──────────────────→ │プロテクション│
│  セラー   │                           │  バイヤー  │
└──────────┘                           └──────────┘
```

A社は毎年300万円をB社に支払い、B社は信用事由がヒットした（P企業の社債がデフォルト）時に、1億円から想定回収額を引いた金額をA社に払う。ヒットしなければ、B社は300万円×3年＝900万円を受け取って契約が終了する。

この取引の経済効果は、プレミアムを対価として参照債権の信用リスクを売買することである。もしプロテクションバイヤーが参照債権を所有していたとすると、その参照債権のデフォルトリスクをヘッジしたことになる。一方、プロテクションセラーは、参照債権を購入したのと同様の経済効果が得られる。したがって、CDSプレミアムは参照債権の信用スプレッドと同義のものとして認識される。債券に直接投資するより少ない金額で同等の経済効果を得られるため、リスク認識さえ間違えなければ、CDS取引は効率のよい投資手段になりうる[57]。また、参照債権の実質的流動性を高める効果も期待できる。CDSは大きな可能性を秘めた信用商品である。

CDS のプロテクションを売却する場合、参照債権の信用リスクを分析する能力は不可欠である。またプロテクションを購入する場合、契約相手の契約履行リスク（カウンターパーティーリスク[58]）を考慮する必要がある。注意すべきことは、プロテクションを売却する場合、実際に参照債権を購入する資金がなくても信用取引ができることである。CDS 取引はもともと相対取引であり、全体像がつかみにくい。そのため、今回の金融危機では当局が金融機関の CDS ポジションから発生するリスクの規模を把握しきれなかったことに加え、一部の金融機関にポジションが偏在していたことが問題となった。現在、取引所に CDS 取引を集中させる構想など、正常化に向けた動きが模索されている。日本市場についていえば、CDS の取引量はまだ少なく、参照債権・債務者数もほんの数十社単位である。

　CDS は参照債権を売買する裏付資金がなくても取引ができることから、リスク管理はきわめて重要であり、市場参加者はほぼプロフェッショナルで構成されている。リスクが適切に管理されていれば、CDS は有効な取引・ヘッジ手段となりうる。

コラム3

CDS の可能性

　日本の CDS 市場は非常に小さい。

　CDS に対するネガティブな議論もある。実際 CDS を問題視する識者も存在する。筆者は米国で起きた CDS の問題は、CDS そのものに問題があるのではなく、自己の体力と分析能力を超えた投資であるか、企業管理体制の問題であると考えている。オプション取引を自己の能力を超えて過大に行った結果である。昔、日本で分離型ワラント債が大量発行され、多くのワラントが無価値になり、訴訟問題になったことがある（これは個人だったと思う）。また日本である事業会社が国債先物で大変な損失を被り会社が破

---
[57] あくまでもプロフェッショナルの市場として、自己の責任範囲で行われることが重要である。
[58] 契約先がデフォルトすると契約が履行されず、もしプロテクションを購入して信用リスクにヘッジをかけていたとしてもその効果が消滅する。

綻したことがあるし、日本のある銀行員がニューヨークで過大な簿外ポジションをとって問題になったことがあったが、これらは本質的に同じ問題である。

重要なのは、社内・市場規律を守り、自己責任で取引できる範囲を理解したもの（プロ）のみが市場参加することである。それはつまり、信用リスク分析能力・判断を所持しているものに限定されるということを意味する。さらに、市場構造として実質的な「カウンターパーティーリスク」をできるだけ排除する必要がある（この部分はセーフティーネットと規制の問題でもある）。

CDS の取引が拡大し活発になれば、所有資産・ポジションに対して有効なヘッジをかけられる。企業に融資ができなくても、融資をしたのと同じポートフォリオを構築できる。都銀であれば、偏在した上場企業向けの融資を分散しやすくなる。地方銀行が上場企業に「お百度参り」をし、株式持合いをし、融資先の末席に名前を連ねるくらいなら、CDS を売っても同じ効果をあげられる。流動性を気にする機関投資家にとっても、債券の信用リスクヘッジが容易になる。

ところで今回の米国のバブル崩壊の過程で CDS の損が市場全体の損のような報道があったが、同時に「同額の益」を得ているものが市場には存在する。したがって、本来デフォルトした企業の債務の損だけが市場の損失である。問題は CDS でヘッジをかけていた投資家にとって、取引をしたカウンターパーティーがデフォルトした場合、CDS 契約が履行されなくなってしまいヘッジが消滅してしまうことだ。つまり、その投資家は CDS の対価を払い損となるうえ、もし参照債権の信用リスクが上昇していた場合、いきなり評価損が発生してしまう。そのようなリスクが存在する場合、市場そのものの信頼性が失われてしまう。

CP

CP は企業が短期の資金を調達する手段である。期限は 1 年以内であるが、実際発行される CP のほとんどは 1 カ月～3 カ月である。CP は法的には短期社債または約束手形である。一般的な投資家は短期資金を裏付とした機関投資家である。これらの投資家は信用リスクをとることを極端に嫌う

が、リスクフリーの資産、たとえばTB[59]などに投資すると、己のオペレーションコストをカバーできない。したがって、信用リスクをほとんど考慮する必要のない信用力の高い短期の信用商品を投資対象とする。わずかでも信用リスクの匂いがすると、投資を控えるのが基本姿勢である。

---

[59] 短期の政府財務証券。

第 4 節
信用商品と担保

　日本市場において、担保付社債はほとんど発行されていない。「一般担保[60]」付きの債券は存在するが、信用力の面では担保付社債と同等とみなすことはむずかしい。

担保権と破綻手続

　担保は債権の回収率を向上させることができる。同じ債務者に対する担保融資のデフォルト率は無担保融資のそれと等しい。担保付きだからデフォルト率が低くなることはなく、債務者が破綻した場合に「別除権」または「更生担保権」と呼ばれる権利が与えられている。別除権は債務者の法的な倒産手続から分離された形で、担保権者が自由に担保物件を処分・換金して自己の債権の回収に充てることができる権利である。したがって、債務者がデフォルトしても、担保物件の処分によって損失の回収を優先的に図ることができる。場合によっては、元本および遅延利息全額を回収することも可能となる。

　ただし、債務者が破綻にあたってどのような法的手続を選択するか、あるいは裁判所が許可するかによって、担保物件に対する債権者の権利が大きく制限される場合がある。「破産」であれば担保は自由に処分できるが、「会社更生」ではその自由がほとんど利かなくなる。会社更生の場合、債権者の権利は「更生担保権」に変容し、たとえ十分な担保をとっていたとしても、完全な回収が不可能になる場合も多い。破産と会社更生の中間に、民事再生がある。民事再生では「別除権」が法的に制限されることはないが、存続する

---

[60] 特別法に基づき規定される担保権付社債。債券保有者は発行体の全資産に対する先取特権を与えられている。NTT、JRなど、また財投機関によって発行されている。ただし、どこまで実質的に信用力の向上につながるのか予測が困難である。

経営陣との間で相当なネゴシエーションが発生し、物件の処分に時間がかかる場合もあれば、（処分を留保して）処分したならば回収できたであろう金額をその後に生成される事業キャッシュフローから少しずつ回収することに落ち着く場合もある。したがって、担保付融資の回収率は破綻処理の法的手続の種類によって影響を受けることになる。中小・零細企業に関していえば、会社更生手続が適用される可能性は比較的低く、破産か民事再生が基本となるため、担保の期待回収率は相対的に高くなる傾向にある。

金融機関は不動産を担保にとることが圧倒的に多い。なぜなら換金価値の予見がしやすく、動産のような「散逸＝ダイリューション」リスクがないからである。また、担保付融資では担保のモニタリングはきわめて重要である。

担保価値

担保価値は現金価値によって測られる。担保が在庫であれば、その処分価値であり、不動産であれば、その売却価格である。金銭債権であれば、回収予定金額－デフォルト損失額の差、または売却する場合の価格である。工場・機器設備などを担保にとる場合もあるが、これらの資産の経済価値は企業のオペレイティングバリュー[61]と相関が高く、通常該当企業が破綻すると価値が相当下がる。したがって、かなり保守的に担保価値を考えなければならない。

担保価値の分析方法[62]は資産の種類によって異なるが、全部に共通する最も重要な点は、担保資産の価格が変動することである。通常、売却可能なものであれば、その道の価格の「専門家」が存在する。ただし、注意しなければならないのは、価格の専門家は必ずしもリスク分析の専門家ではないことである。たとえば、不動産鑑定は基本的に現時点において蓋然性が高いシ

---

[61] 企業が操業を続けることで生み出される価値。
[62] 不動産や金銭債権などの担保価値の考え方は、証券化商品の分析の重要項目であり、詳細はシリーズ別書『証券化商品の信用リスク分析（仮称）』を参照されたい。

ナリオを考慮した資産価値に対する意見であり、信用リスクの視点から将来のストレスシナリオを考慮した将来の価格変動性について述べるものではない。信用リスク分析において、担保資産の評価は価格下落リスクを十分に考慮したものでなければならない。こうした観点から求めた担保価値は、価格の専門家にとって「非常識」と思えるものが多いかもしれない。しかし、そのぐらい保守的であるほうが信用リスク分析としては健全である。

相殺

担保とは関係ないが、デフォルト時の回収に影響するという意味で触れておかなければならないのが「相殺」である。デフォルトした債務者と債権者の間には、債務関係だけでなく債権関係がある場合もある。破綻手続の影響を受けず、こうした権利関係から生じた債権・債務を相殺できることがある。

よい例が、銀行と預金者（企業を含む）の関係である。銀行は債務者が破綻した場合、その預金と融資を自動的に相殺できる。したがって、銀行の債務者に対する信用リスクは、預金によって低減される。売掛金・買掛金も、相殺の対象になりうる。もし売掛側と買掛側に相殺適状（相殺可能）な債権・債務があれば、相殺できる。そのため、せっかく担保として売掛金を取得したとしても、相殺されれば、債権者はその分だけ担保価値を喪失することになる。

第3章

信用ビジネス

はじめに

　日本において信用ビジネスを行う主体は、大きく3つに分類できる。①銀行、②投資家、③ファイナンス会社（ノンバンク）である。

　銀行は個人から企業向けの融資まで非常に幅広い債務者を対象とし、さらに債券投資も行っている。投資家は主に債券の投資を行う。現在の日本では、カード会社を筆頭にノンバンクは主に個人向けのローンや事業者向けのリース・商業用不動産担保融資を行っているが、多くは銀行に系列化されている。また、米国のバブルの発生の主要因となったいわゆるモーゲージバンクの多くは、日本では1990年代のバブルの崩壊とともに破綻・整理された。

　当章では銀行と債券投資家を取り上げ、日本の信用ビジネスについて考察する。

第 1 節

銀行と融資

銀　　　行

　銀行は事業者向けのビジネスとして、中小企業から巨大な上場会社までをカバーしている。個人向けビジネスの分野では、住宅ローンが主力商品である。銀行はさらに債券投資も行っている。その他の特徴として、ノンバンクへの融資も行っている。日本は米国に比べて債券市場が未発達なこともあり、上場企業への資金供給も主に銀行が行っている。銀行は、資金規模・資金調達コスト[63]と人材・組織面で競合相手を圧倒している。最大の資金供給者である銀行の信用リスクに対する考え方や融資姿勢は、信用供与システム全体に大きな影響を及ぼすほどのものである。

不動産担保主義からの脱却の必要性

　この議論の前に、本書で使用する「企業」の分類について示したい。「中小企業基本法」では業種・従業員数・資本金により分類されているが、研究論文・書籍などで使用される「中小企業」の定義は必ずしも一致しないことが多い。本書は信用リスクに関するものであることから、説明上、「企業」を以下のイメージで分類する。

1　上場企業
2　中堅企業：借入金が20億円以上・従業員300人以上
3　中小企業[64]：借入金1億～20億円程度・従業員20～300人程度

---

[63]　銀行は「預金」という特別な調達手段をもっている。
[64]　植杉（2005）は、中小企業庁が中小企業向けに実施したサンプル調査から従業員300人以上かつ資本金3億円以上の企業を除いた集計を行っている。その集計では、サンプルの借入金平均額は約14億円であり、メディアンは2億4,000万円である。

4 　零細企業：借入金1億円未満・従業員20人未満
 5 　自営業者：信用リスク分析上は個人債務者と実質的同義

　銀行は信用評価のための機能・組織[65]を維持しており、信用リスク分析専門担当者も多数抱えている。それにもかかわらず、銀行の中小企業融資における担保依存は依然高い。中小企業庁「資金調達環境実態調査」（2004年12月）によれば、従業員21人以上300人以下の企業の約75％が担保提供ありと回答している。300人を超える企業でも約60％が担保提供している。そうしたなかでも、不動産担保に対する依拠度合いは断然高い。㈳中小企業総合研究所「中小企業向け貸出における実態調査」（2005年1月）では、担保のうち不動産が占める割合が約85％である。

　一方、金融庁は借入側に「中小・地域金融機関に対する利用者等の評価に関するアンケート調査」を2004年3月から継続して2009年3月まで毎年行っている。地域金融機関の「担保・保証に過度に依存しない融資等への取組み」に対して利用者が積極的に評価する値は当初の20.4％から2007年3月41.8％とピークをつけ、2009年3月では33.8％に急落している。2003年に当局が旗を振った「リレーションシップバンキングの機能強化に関するアクションプログラム」で方向性が打ち出された時点より数値的に進展がみられるが、これまでの最高値でも「評価できる」は50％を超えていない。この点2007年4月（ピークをつけた時点）の報告書「地域密着型金融の取組みについての評価と今後の対応について」において「不動産担保・個人保証に過度に依存しない融資等についてはなお不十分」とされている（また、このアンケートは「保証」の部分についての「評価」が含まれていることから、「担保融資姿勢」のみに対する「評価」ではないので幾分割り引く必要がある）。

　さらに、2009年現在は景気動向からこの数値は急落している。事実この数値の変化は、中小企業の業況判断DI[66]（中小企業金融公庫総合研究所によれ

---

[65] いわゆる「審査部門」。
[66] DIとはDiffusion Indexの略。三者択一式アンケートにおいて「好転」・「増加」等の回答割合から「悪化」・「減少」等の回答割合を差し引いた値。

ば、景況 DI は2003年から回復し2007年当初までほぼ０％で推移し、それ以降悪化している）とほぼ連動している。つまり数値の変化は景気の起伏に応じて推移する傾向があり、必ずしも銀行の融資ポリシーに何かの変化があったとは限らない。筆者は、銀行融資（特に中小企業融資）において不動産担保に依存した融資姿勢がいまだ実質的に主流をなしていると考えている。

「もっと中小企業向けの無担保融資を出せないのか！」こうした批判をよく聞く。このような批判は、景気下降局面では主に「運転資金」に対するニーズ、景気上昇局面では研究・技術開発、業容拡大などの「長期資金」に対するニーズが運転資金とともに増加するのに対して、中小企業のもつ担保余力が不足することが主な背景となっていると考えられる。融資において不動産担保主義[67]が主流となれば、相応レベルのキャッシュ生成能力が期待できる債務者でも、担保力が乏しければ資金調達が制限され、事業展開が制約される可能性がある。一部を除き、銀行の間尺に合う十分な規模の担保を保有する中小企業は限られている。銀行が担保主義を継続すれば、中小企業の投資・革新意欲が削がれ、健全な新陳代謝を伴う経済の発展や産業構造の転換を阻害しかねない。

不動産担保主義の弊害はほかにもある。担保至上主義の融資を行えば、第１章で指摘したように、債務者のキャッシュ生成能力ではなく、担保不動産の価格変動リスクに依存した信用判断になる。仮に「保守的」な掛け目を設定したとしても、本邦不動産市場の本源的変動性がそれを凌駕するおそれは払拭できない。近年、日本で起きた商業用不動産のミニバブル[68]ともいう

---

[67] 担保となる不動産の価値を上限とした融資ポリシー。

[68] 日本の商業用不動産はバブル崩壊後、外資系の信用リスクマネーが流入し、証券化取引を通して立ち直った。2002～2003年以降に体力が回復した日本の銀行は、証券化を前提としない不動産担保のノンリコースローン（第２章参照）を活発に行い、さらに組成された多数の不動産私募ファンド（一部は後の REIT となる）に対しても積極的な融資を実行した。結果として、融資競争が激化し、商業用不動産に過剰な資金が流入し、価格が大きく上昇した。こうした過剰融資は2007年後半に崩壊し、2008～2009年には一部の REIT の破綻をもたらし、2009年５月現在においては新規融資市場機能が実質的に麻痺している。

べき状況がいい例である。

　事業資産だけでなく、中小零細企業向け融資では経営者から保証をとったり、あるいは経営者の居住不動産を担保で押さえたりする場合もある。筆者はこのような担保・保証を必ずしも否定するものではない。なぜなら、信用供与を可能にするためには、必要な措置であるかもしれない。経営者の保証をとることは、「支払意欲」の向上を期待できる。また、担保を設定することで過度な債務の積み上げを「牽制」できる。しかし、一方で、個人保証・担保は破綻時に債務者の再起をむずかしくする意味において問題があることも忘れてはならない。

　銀行が融資を行う場合、まず信用リスク分析を通して無担保貸付の可能性を判断することが基本である。もし信用リスクは許容範囲内にあるが、信用スプレッドとのバランスが十分にとれない場合、金利水準の引上げの可能性を次に考えるべきである。それが困難な場合や債務者の期待デフォルト率が相対的に高く回収率の向上を図らなければ銀行の許容できる（資金供与できる）信用リスクとならないときに、保証・担保が考慮されるべきである。最初からデフォルト発生時に100％の回収を目指すような「債権保全」型融資は担保至上主義と変わらない。

コラム4

ある融資の話（文責：山内）

　3年くらい前のことであるが、たまたま、ある零細企業（それでも資本金2,000万円）の設立の手伝いで財務分析を行ったことがある。一応こちらもプロであるから、市場調査、競合分析、サービス内容の差別化などビジネスモデルの評価、自己資本の質を前提とし、各種設備投資、営業経費、人件費などの5年間のシミュレーションモデルを作成した。主要前提条件：顧客数、顧客売上げ、経費など（実際の入力項目はもっと多岐にわたる）を入力すればBS、PL、CFを月次で計算し、株主収益と必要長期借入金と運転資金を割り出せるものである。

　融資（5,000万円ほど）はすでに手当てしてあったのだが、実際の業務開

始計画は1〜2年後と時間もあったので、銀行はどういう反応を示すか。「リレーションシップバンキングなるもの＝相談に乗ってアドバイスしてくれるのかな……」を経験してみようということで、上記の資料とシミュレーションモデルをもって、銀行の支店に行って融資担当と面接をした。私の真意は、銀行がこちらの用意した市場調査などの資料を分析して、銀行がこのシミュレーションモデルに妥当と思われる数値を代入することで、銀行自身が自分で信用リスクを分析できることを理解してもらいたかった。またそのようなことが「当たり前となっているのかみてみたかった」。そのうえで「貸せる、貸せない」も含めて、なぜそういう結果になったのか意見を聞ければ第三者からのよいアドバイスになると考えていた。

　概要を簡単に説明したところ、資料などを確認する前に、
銀行員　「それで、担保は？」
私　　　「資料とシミュレーションモデルがあるのですが」
銀行員　「モデル？……社長さんの資産は？」
私　　　「はあ？……」
銀行員　「ところで保証協会という制度がありますけど」
　この時点で、お礼をいい面接を終了した。

リレーションシップバンキングの標榜と実態の考察

　リレーションシップバンキングの研究論文は多数存在する。「情報の非対称性の解消」「異時点間のリスク平準化」など、多様な観点から研究が行われている。2003年3月に当局が本邦地域金融機関向けにリレーションシップバンキングを標榜し、「リレーションシップバンキングの機能強化に向けたアクションプログラム」を発表したことが、実務面におけるそうした研究の始まりではないか。

　筆者は、銀行が不動産担保依存型融資から与信先が本来もつ将来のキャッシュ生成能力を吟味する無担保貸付を基本とする融資ポリシーに移行するうえで、リレーションシップバンキングは有効なビジネスモデルになりうると

考えている。銀行は多数の優秀な「目利き」＝分析担当者を養成し、さらに企業との密接なリレーションを築くことで、企業に対する適切な信用リスク分析が可能となり、担保や表面上の財務数値に固執することなく、競争力などを裏付とする債務者の潜在的可能性・成長力を長期的な観点から評価することによって、景気サイクルに影響されない円滑な資金供与の実現が期待される。

　そうすれば、銀行の営業姿勢が企業によって評価され、無担保融資の金利が信用リスクとコストに見合ったものになり、担保の設定が必要であったとしても、十分企業側から理解される取引関係を構築することができるようになると思われる。さらにリレーションシップバンキングの過程で培われる信用リスク分析の経験とノウハウは、新規融資においても分析に役立てることができる。

　当局は2003年の「アクションプログラム」において、無担保融資推進の一環として、同時にスコアリングモデル貸出、コベナンツファイナンス、証券化（CDO＝Collateralized Debt Obligations）の利用も標榜している。これらの融資手法は、トランザクションバンキング[69]で主に利用されるものである。通常トランザクションバンキングは企業の財務諸表、債券・CDS価格、金利や為替などのマクロ要素を取り込んだ分析モデルを利用し、信用力評価のコスト低減と均一化を図ったローコスト融資手法である。

　つまり、上記のハイコストなリレーションシップバンキングの対角線上にあるビジネスモデルである。このような分析手法は、長年蓄積してきた信用リスク分析の経験・ノウハウ、デフォルトデータ・融資ポートフォリオのパ

---

[69] 本来トランザクションバンキングは「案件ごと」の収益性で融資判断を行うことを意味し、リレーションシップバンキングと対比される概念である。しかし、実際にリレーションがないビジネスなど存在せず、程度の問題である。たとえば大企業とのビジネスでは「リレーションシップ」から「案件」がもたらされるが、その判断は案件＋今後のビジネスの収益性によって決定される。企業側も当然他の代替調達手段と比較して、有利なものを選択する。つまり、「リレーションシップ」は継続維持されているが、個別の取引には「取捨選択」が働く。

フォーマンス実績を利用するものであり、無担保融資の信用リスク分析の能力向上を十分に果たす前に、いきなり利用するのは疑問である。

米国における信用ビジネスと融資審査

　ここ30年の間、信用リスク分析手法に対する要求が多様化してきている。伝統的な人による与信判断のほかに社内・行内格付のような相対的な信用評価が加わり、さらに期待デフォルト率や期待損失率を計量する高度な数学的分析手法も利用されるようになった。特に欧米の大手金融機関では、高度な金融工学を利用した分析手法がすでに日常的に使われているケースもある[70]。

　米国は、社債の市場が発達している。大体その規模はGDP比で30％程度であるのに対し、日本は10％前後とされる。また、投機的等級社債市場の規模は投資適格等級のそれに比べそれほど遜色ない。さらにシンジケートローン市場の規模は大きく、投機的等級の市場も形成されている。その残高金額は日本の数倍程度ではないだろうか。市場の流動性についても比較にならないほど米国市場のほうが大きい。CDS市場の規模は、日本の100倍以上の規模があると思われる。これらの統計数字は少し前のものであるが、日米の市場規模に大きな差があることを認識するうえで参考になる。

　債券の引受けやローンのアレンジメントは、主に大手の銀行（投資銀行を含む）が行っている。彼らの多くは格付会社の格付および金融工学的分析モデルのアウトプットを参考に、人的審査を経て内部格付を決定し、最終的な信用判断を行うことが一般的である。融資が行われた後、ローンはポートフォリオレベルで計量的なリスク管理がなされている場合も多く、必要に応じ、ローンの売買やCDSなどを利用したリスクマネジメントも行われている。

---

[70] 都銀や地銀の一部において、米国と同様に数学的解析が利用されている。2000年以降、財務数字を主体とした信用リスク分析モデルの開発が進み、保証協会や一部都銀を中心にトランザクションバンキングに利用されているが、いまでも中心的に使われている審査手法は行内格付か外部から導入した画一的なスコアリングシステムであろう（第4章参照）。

一方、中小企業向け融資は比較的小規模の（リージョナル）銀行のシェアが大きく、顧客密着型のリレーションシップバンキングが採用されている場合が多い。案件ごとの融資可能性を重視する手法が広がってきているが、主流を形成するまでには至っていない。審査手法は伝統的な人的判断に重きを置いた信用判断が基本となっている（一般的に定量的なモデルより定性的な判断が重視される）。

　マイクロローン[71]と呼ばれるような、零細企業向け融資では、個人向け融資ポートフォリオのリスク分析手法を利用した信用リスク分析モデルが採用され、相対的に数学的解析に依存した与信審査が行われている。このモデルは日本で開発された、財務指標に重点を置いた中小零細向け企業のモデルとは趣が違い、経営者の個人情報などにも重点が置かれたものとされる。近年、大手銀行のマーケットシェアが急拡大してきている分野でもある。

　米国でも、中小企業向けの融資に担保がつけられているケースが多い。信用リスクが相対的に高い企業から担保を要求する方針は、日本の銀行のそれと違わないが、担保融資に対する姿勢には大きな違いがあると解釈できる。米国では担保に占める不動産の比率が相対的に低く、設備機器や売掛債権・在庫品などの事業性動産が主流であり、事業性動産担保の将来価値は債務者の信用リスクとの相関が高い。つまり、信用リスク分析の視点はあくまでも将来の事業キャッシュフローの生成に支えられた債務者の返済能力となる。その場合、信用リスクの増加は信用スプレッドの上昇によって補われることが基本であり、担保は回収率の向上として信用スプレッドを一部下げる効果[72]としてとらえられる。また、無担保借入れが可能な比較的優良な中小企業が担保提供しているケースがみられる。これは銀行の要請ではなく、信用スプレッドを下げる目的で企業自らが行っていると考えられる[73]。

---

[71] 定義が統一されているわけではないが、通常25万〜10万ドル以下の零細企業向けローンを指す。
[72] 担保融資の場合、担保からの回収率を100％と考えることはまずない。特に米国の担保は事業性動産が主流であり、モニタリングコスト、散逸リスク、回収コストを考慮すれば、回収率の改善効果は限定的としか考えられていない。

銀行にとって無担保融資は信用ビジネスの基本であり、信用リスク分析コストをかけて行ってきた。トランザクションバンキング的な案件を重視する取引の広がりは、分析コストを低下させる必要性と分析機能の高度化によってその恩恵を受けられる対象が拡大したことによるものと考えられる。ただし、分析の高度化がもたらしたものは、必ずしもメリットだけでないことを米国のバブルの崩壊が端的に示している。信用リスク分析モデルに限らず、あらゆるモデルは単に変数のインプットに対して所定のアウトプットを返すツールにすぎない。分析者は自分自身の考えやロジックによって、臨機応変にそれらを使いこなすべきである。もしモデルを無批判に使用すれば、モデルに使われることになりかねず、分析者の信用リスク分析能力はモデル機能止まりになり、場合によっては退化することもある。

日本のリレーションシップバンキングの可能性について

　リレーションシップバンキングの効用は、相対的に信用リスクが高い層に対しても、健全な信用リスク分析を行うことによって資金が適切に供給されるところにあると考えられる。本項では「担保・保証に過度に依存しない」リレーションシップバンキングの可能性について検討してみたい。

　図表3-1（次頁）は、2007年3月期の地域銀行110行の決算書を組み替えたものである。議論を単純化するため以下の前提を置いた。銀行は業務のコアとして、預金を受け入れ、資金決済等の役務を行い、貸出の信用創造を行う（有価証券関係、その他金融商品運用などを排除したものである）。

〈バランスシート〉

- 負債は通常預金のみ
- 純資産は株主資本のみ

---

[73] 「みずほ総合研究所論集」(2004) より筆者推察。中小企業の信用リスクを高・中・低と大まかに分けると、担保提供の比率は相対的に中が少なく、高と低が多い。低の企業は自ら、高の企業は銀行の要請で行っていると推察できる。

図表3-1　地域銀行110行合計のB/S、P/L　（単位：百万円）

		2007年3月期
		地銀　計
BS	預　　金	248,682,828
	自己資本	12,413,417
	貸 出 金	186,678,617
	差引スワップ（3年）運用額	74,417,628
	総資産額	261,096,245
PL		
	貸出金利息	3,797,676
	平均金利	2.03%
	スワップ運用益	1,041,847
	3年金利	1.40%
	預金利息	386,926
	対貸付金	0.21%
	役務取引等収益	988,095
	役務取引等費用	358,860
	対貸付金	0.34%
	営業経費	3,085,713
	対貸付金	1.65%
	差引利益	1,996,119
	信用リスクバッファー	1.07%

（出所）　全国銀行協会データより筆者作成。

・資産は貸出金のみ
・総調達額と貸出金の差額は3年スワップでの運用とする（実際はこの部分が株式・債券などの有価証券投資や金銭の信託や金融派生商品などで運用されている）

〈損益計算書〉

・貸出金利息収入
・スワップ運用金利収入（2009年5月の1.4％を使用）
・預金利息
・役務損益
・営業経費

　この計算では、信用リスクバッファーは差引利益を貸付金額で除したもの（スワップ運用の信用リスクを0％としている）であり、1.07％となる[74]。つまり、信用損失が1.07％を超えると「赤字」になる。

　しかし、この1.07％には、役務収益とスワップによる運用益（実際には有価証券関連損益など）が含まれている。単純に貸出金利2.03％から預金金利0.21％と営業経費率1.65％を合わせた1.86％を差し引くと、0.17％となる（営業経費には役務や有価証券関連運用に関するコストも含まれるが保守的にみている）。つまり、厳しくいえば、信用ビジネスとして本来許容できる信用損失には年率0.17％のバッファーしかない。

　したがって論理的には、信用ビジネス上、年率期待損失率が0.17％未満の融資案件を選択しなければならない。中小企業からそのような年率デフォルト率（無担保融資として回収率0％と仮定）の企業を選別するためには、相当高い信用リスク分析能力が必要であろう。そうでなければ、現状の2％のような低い融資金利では、実際問題として不動産担保をとることで、損失率を極度に抑えるというビジネスモデルをとらざるをえなくなることがよくわかる。逆にいえば、過去から不動産に頼った融資ポリシーの結果がこのような低い金利水準を定着させ、また借入側の企業も低金利でないと耐えられないか、低金利に慣れてしまった利益プロファイルを形成してしまったともいえる。たとえば財務省「法人企業統計調査」のデータでは2007年度の資本金

---

[74] この試算は結果として、日銀レビュー（2006）で行っている、地域銀行の信用コストと「基礎的ROE」の関係とほぼ同様の数値関係となっている。

1,000万～1億円の企業の金融機関借入れは138兆2,000億円、支払金利は2.1％、経常利益は12兆6,000億円である。経常利益／借入金は9.2％であった。

　この9.2％が示唆する企業の金融コスト負担能力・余力が高いのか、低いのか、各関係者で意見が分かれるところであろう。ただしこの数値はいわばマクロ的な試算であり、個別の企業・銀行レベルの現実的ビジネス環境に合わせて、リレーションシップバンキングを成功させる選択肢（下述）はいくつか存在する。それぞれの選択肢は背反するものでなく同時に行うことも可能である。個別の銀行は、自行の経営状態、経営環境やポリシーから最善と思われるものを選択すればよいと考える。

　それぞれの説明を行う前に、リレーションシップバンキングのコストについて考えてみたい。リレーションシップバンキングを採用することで増加するコストは、営業員が担当できる企業数が現行より減少すること（1人当り30社程度とする）、「目利き」＝信用リスク分析担当者（1人で60社程度とする）も必要になる。1人当りのコストを人件費＋α＝1,000万円とし、1社当りの平均融資額を1億円とすると、コストは融資額の0.5％となる[75]。つまり、リレーションシップバンキングは追加の「コスト」がかかるビジネスモデルであることがわかる。ただし、これは純増ではなく、現行人員で吸収できる部分も多い。また有価証券運用益や役務収益を向上させる努力によって、コスト増に対応することも考えられる。

　具体的な選択肢としては、
① 信用コストの目標を年率0.17％以下まで低下させる。
② リレーションシップバンキングのメリットを借入側に認識してもらい、貸出金利の上昇を図る。
③ 信用損失をカバーできる金利水準を獲得できる顧客を取り込む（既存の担保付融資先に無担保の融資を提供することを含む）。

などがあろう。

---

[75] 単純に60社に融資を行った場合、必要となる営業担当者と信用リスク分析担当者は合計3人であり、そのコストの3,000万円は融資総額60億円の0.5％になる。

①は、主に信用リスク分析能力の向上による効果である。②は上記の事業者側（借入側）の収益性を考慮すると、景気上昇局面にタイミングを合わせて行う必要があるかもしれない。③はリターンに見合う範囲内でリスクテイクするビジネスモデルであり、信用リスク分析の能力がきわめて重要になる。特に新規融資の場合、その能力が大きく問われるところだ。

① 信用コストの低下を図る

　リレーションシップバンキングを行い、信用リスク分析能力を高めることで、信用コストの低下を図ることができる。地域銀行の信用コストは2000〜2003年までは軽く1％を上回り、2004年以降は0.3％強で推移していたが2008年度には0.5％を超えてきた。日本銀行の試算[76]では、景気動向によってはさらに上昇し1％前後となる可能性があることが示唆されている。ただし、この試算数値は「平均値」であり、個別の銀行によってその絶対値および変動値に大きな違いがある[77]。環境の厳しさは過去に劣らぬものがあったにもかかわらず（現在、上場企業の倒産件数としては戦後最高水準近くに達している）、1999年から2009年にかけて、収益マージンをはかばかしく改善した銀行も散見する（その絶対水準は依然薄いが。図表3-2参照）。

　費用項目のなかに占める信用コストの有する比重の変化からみて、金融検査マニュアルの整備・債務者区分・資産査定・監督官庁との議論を通じての与信規模の適正化・行内格付の精緻化といったプラクティスが徐々に効果を発揮していることをうかがい知ることができる。規制が主導する規律であっても、信用リスク管理の実をあげるという意味では大いに貢献したわけである。今後、リレーションシップバンキングを標榜・実行し、ポートフォリオおよびローンレベルのリスク・リターンの向上をさらに目指す銀行と現状に

---

[76] 金融システムレポート（2009.3）。
[77] 同レポートでは一定の経済状況を仮定して信用コストの試算を行い、その変化を「グラフ」表記している。グラフからの推測となるが地域銀行間で試算結果の信用コストに0.5％程度の開きがある。

図表 3-2　個別銀行の収益状況（推移）　　　　　　　　　（単位：百万円）

		1999年3月		2009年3月
経常収益(A)				
	地銀甲	329,850		338,729
	地銀乙	240,461		257,019
経常費用（B　預金利息・役務費用・営業経費など）				
	地銀甲	250,119		153,977
	地銀乙	165,784		165,620
信用コスト(C)				
	地銀甲	213,558	⇒	87,100
	地銀乙	94,161		14,024
(B)+(C)				
	地銀甲	463,677		241,077
	地銀乙	259,945		179,644
{(B)+(C)}／(A)				
	地銀甲	140.6%	⇒	71.2%
	地銀乙	108.1%		69.9%
税前損益				
	地銀甲	−185,320	⇒	10,170
	地銀乙	−84,663		14,741

（注）　1999年3月は、地銀乙は連結、地銀甲は単体ベース。2009年3月は両行ともに連結ベース。また、参照期間を通して償却債権取立益等は信用コスト控除項目として含めず。

終始するところの間で信用コストがますます乖離する可能性がある。

　ここにいう、信用コストの低下は、全体的に信用コストを下げるという意味ではなく、信用コストの発生原因となる企業を選別して融資を引き上げることを意味する。ただし制約条件としては、融資を引き上げること自体がデフォルトを誘引する可能性が高いことを考慮に入れなければならない。さらに引き上げた分だけ、健全な収益を確保できる企業に新規融資しなくてはならない。しかし、信用コストを毎期0.05％ずつでも下げていくことができれば、長期的な収益の安定性につながる。

　さらにリレーションシップバンキングの副次的効果として、信用リスク分

析の能力が向上し、借入先の信用力劣化傾向に対して、早い段階からの対応が期待できる。これは債権保全というより、銀行が懸念する問題点を借入先と共有することによって、顧客会社の保全に貢献することである。つまり、リレーションシップバンキングは、顧客の信用力の向上にも貢献できる。賢明な経営者であれば、銀行からのこうした指摘に耳を傾けるであろう。そうすれば、将来の信用損失も低下する可能性がある。仮に耳を傾けてくれず、不幸にして信用リスクが上昇していく場合でも、銀行として企業再生に向けた手だてを迅速かつ能動的に打ち出すことが容易となるだろう。

② 貸出金利の上昇を図る

　企業側に現行融資の金利の上昇を応諾してもらうためには、時間をかけ銀行側の営業体制の強化と信用リスク分析能力を上昇させるとともに、借入側に高い金利に見合う無担保融資の有利性と継続的なリレーションシップからくる他の利点を認識してもらう必要性がある。逆にいえば、利点を認識してもらう営業力（これは単に融資の速さなどだけではなく、ビジネスマッチングなど中小企業の経営に関連する継続的でコンサルテイティブなコミュニケーション能力が問われるだろう。この能力は将来の「フリーライダー的融資[78]」に対抗するものともいえる）が必要[79]である。制約条件としては、借入側のデットサービス[80]の余力が問題である。金利を上昇させることでデフォルトリスクが高まっては本末転倒だからだ。したがって信用力が低い層を対象とするのではなく、相対的に信用力が高い層が対象となる。借入側にとってのコンサルテイティブなリレーションシップの価値は信用リスクのレベルと必ずしも相

---

[78] リレーションシップバンキングのコストをかけず、ほんの少し低い金利を提示して融資を横取りすること。
[79] 営業という意味でいえば銀行の融資の営業が特別なものではない。一般的に産業界のセールスマンは特別な商品（特許など）を除きほぼ同等の効用をもつ財（たとえば車や住宅からノートや食品、理髪や飲食サービスまで）を価格面から競争するだけでなく、その営業力によって競争相手との差別化を図り、顧客の満足度を向上させていく。
[80] 債務返済能力のうち主に金利支払能力に使われる表現。

関が高いわけではない。資金需要や力関係などに関連なく、信用力の高い企業のほうが価値を認識する場合もある。また信用力が高いという条件がつくが、自行がメインバンクであり融資が実質擬似資本化[81]しているのであれば、自らの融資を「劣後化」することで金利の上昇を図ることも考えられる。この場合、返済優先順位が上位にある融資先からのさらなる借入余力が発生する可能性を考えて、借入制限のようなコベナンツをつけるとよいかもしれないが、このあたりは営業力の問題であろう。

> **コラム5**
>
> ### 大会社に対する融資の採算（文責：山内）
>
> もう20年以上前の話である。当時は大手の事業会社で全社の資金繰り（大きな支店や工場は月決めで資金繰りを行っていたが、ほかはすべて本部に集中して日次で資金繰りを行っていた）と銀行融資折衝担当をしていた。実際1,000億円以上の手元流動性があり、そちらでは資金運用を行っていたので、無借金にできたのであるが、銀行との取引は「イザ！」という場合に重要であることと、株式持合いがあることで残していた。
>
> まず、5行ほどの銀行と取引があったが、それぞれ日次の滞留資金が多く、当座預金にお金が寝ていてはもったいないということで、資金状況を2日～1週間先まで把握し、基本的に当座預金には1,000円しか残さないことが目標だった。残りは通知預金やCDなどの金利を得られる預金に振り替える（まだファシリティーなどなかった）。
>
> このことは、実質的に銀行からみた預貸率が下がることであり、銀行にとってみると、融資の実質金利が下がることになる。当時銀行の融資担当は、あの手この手でこの預金を上昇させることが重要な仕事だった。新頭取就任預金協力、支店設立○○記念協力預金、よく連休の前の金曜日に都合よく記念日があった。
>
> それでも、年間平均預金残高と借入残高、預金金利と借入金利を使って実質金利を計算したところ、どう考えても銀行の採算割れのような気がしたの

---

[81] 融資は本来返済期があり返済されるものであるが、継続的に融資が行われ、実質返済をする必要がないと考えられる状態の場合、その融資はいわゆる「永久債」と変わらない。

で、融資担当者に聞いてみたことがある。聞くと、銀行の取引の収入は、融資金利だけでなく、外為手数料（当時は滅茶苦茶高かった）、銀行の海外証券子会社の収入（当時は国内債を嫌い、現在のユーロで債券発行しており、しかも引受手数料はもしかすると今の10倍していたと思う）、各支店・工場の口座滞留資金、従業員の給与振込口座がとりやすく、しかもその個人との取引収益、等など、たくさん理由があったみたいだ。しかし、それを全部計算して確認し「企業取引の採算性」を的確に把握しているのか聞いたところ、「していない」とのことだった。

　現在では、ITも進化し「企業取引の損益を全体として把握する」ことは可能なはずだ。ただし、銀行の管理会計上は部門別管理の「縦割り」であり、現実的には間接コストの分配問題、さらに取扱商品別の規制に対応する行政コストの問題などを考慮すると、1企業との取引の「包括的な損益認識」はますます遠くなってきているといえるかもしれない。ITの発達で企業の資金繰りのネットワーク化が国際的に可能であり、企業は無駄を省くことができる。当時に比べ、外為手数料や引受手数料も下がっている。現実的な「取引の採算」はどこにあるのであろうか。

③　無担保資金需要はさらに取り込む

　益田（2006）に指摘されていることであるが、TSR（東京商工リサーチ）の評点で54～60に分布する企業（信用力が比較的低い中小企業層と考えられる）の借入額に対する銀行（特に地銀）融資の割合は、その他の評点の企業の場合と比較して特に低いものになっている。さらに、益田の統計的解析（有利子負債／売上高と評点の相関分析）は、このカテゴリーの企業に潜在的資金需要が存在する可能性があることを示唆している。

　こうしたことから、筆者はこのカテゴリーに属する企業は有効担保の提供を十分にできず、必要な資金量を確保していない可能性があると推察している。

　また、必ずしも益田が指摘するカテゴリーの層とは一致しないが、「既存の銀行から中小企業に対する十分な資金供給がなされていない」との批判のもとで設立された新銀行東京は、こうした需要に対して無担保融資を実行し

た。さらに、中小企業への無担保融資を裏付資産とするCDOおよびABCP（Asset Backed Commercial Paper）プログラム等を含めると無担保融資の総額は軽く数兆円に及び、資金需要が相当規模存在することを示唆している[82]。そのうえ、無担保融資の対象となった企業のほとんどは大都市圏に拠点があり、累積残高も実質4年程度しかないことを考えると、全国規模の潜在需要はもっと大きな金額になるであろう。

しかしながら、新銀行東京の融資ポートフォリオのデフォルト実績が相当高いものとなり、社会問題化したのはご承知のとおりである。同様に一部の募集型CDOにおいて、当初の想定よりもかなり高いデフォルト率となっていることが報道されている。

両者とも、本書で標榜する健全な信用リスク分析を重視せず、いわゆるトランザクションバンキング的手法である財務データ分析に大きく依存した与信審査を行った結果であると考えられる。

正確に予測することはむずかしいが、新銀行東京および中小企業向け無担保融資CDOの総融資額に対する最終デフォルト率は相当高いものとなる可能性がある。たとえば10％（期間を5年とすると、年率2％）を超えることも十分にありうる。案件によってはもっと高い数値になるものもあろう。デフォルトが10％という場合、全貸付先が均一に10％のリスクを意味しているわけではない。それぞれの債務者の期待デフォルト率に差が存在する。見方を変えれば、銀行は信用リスク分析能力を高めることができれば、デフォルトしない残りの90％の企業から自行の融資可能先を「選別」することができる。他行の高いデフォルト率をみて、「自行の与信ポリシー、審査能力に問題はなかった」と安心するだけでなく、融資可能先（ビジネス機会）がまだまだ開発し尽くされていないことも強く意識すべきである。

---

[82] CDOは私募的なものもあり総発行額の把握は困難である。ABCPも実態がよくつかめないことは事実である。しかし、筆者は、裏付資産である中小企業の無担保融資総額は10兆に近いものではないかと推測する。既存の融資が証券化されたものもあるが、募集型と呼ばれるまったくの新規融資が証券化されたものはその半数程度ではないだろうか。

前回の保証協会による特別保証制度（1998年10月〜2001年3月に実施された）は、（第1章で述べた）金融の機能不全が起こり、「企業のリファイナンスリスク」が上昇した時期に行われたものである。会計検査院によれば保証実行額（約29兆円）に対して約6年間の累積デフォルト率は8.1%（2006年3月現在）、回収率は約12%である。累積損失率でいえば約7.1%となる（融資期間が5〜7年の分割払いであったことから、仮に平均残存年数3年とすると年率約2.3%の損失率となる）。逆にいえば、そのような時期において、自行の融資能力が健全に保たれているならば、約93%の約27兆円に対して無担保融資を実施する機会が存在した。ただし特別に基準保証料が年率0.65%[83]であったことから、年率期待デフォルト率がそれを下回る企業を選択する高い信用リスク分析能力が要求される。また、金利の設定・交渉能力も問われる。

　仮に年率期待デフォルト率0.5%の融資ポートフォリオとなるよう顧客を選別できても、最低0.5%の信用スプレッドが必要となる。そうすると、上記に説明した銀行のコストの1.86%上乗せして最低でも2.36%の金利をとる必要がある（無担保融資の回収率を0%としている）。現実的には期待デフォルト率の不確実性を考えると、さらに0.5%〜1%のバッファーが欲しいところである。仮に約0.5%バッファーをとると金利は約2.9%となり既存の平均金利よりも0.9%高くなるが、銀行が許容できる信用リスクプロファイルをもち、リレーションシップバンキングの対象となりうる借入層は存在すると筆者はみている。銀行が営業力と信用リスク分析能力の向上に継続的な努力を払えば、魅力のあるビジネス機会の拡大につながるはずである。

日本の金融環境の問題点

　一方、マクロ的視野からはリレーションシップバンキングを妨げる日本の金融環境の問題が浮かび上がり、各関係者の間でも盛んな議論がなされるところである。当局はリレーションシップバンキングに関するアクションプロ

---

[83] 現在は、主にCRDと呼ばれる財務諸表に基づくデフォルト率推計モデルから保証料が決定される。

> **コラム6**
>
> ### 銀行員の運
>
> 　たとえば、ある支店長が、融資の拡大を考えて積極的に信用リスクをとったと仮定しよう（もちろん内規の範囲内と彼の権限内で）。彼は3年間の間に融資を拡大し、信用スプレッドの分、期間収益に貢献することになる。本部からは高い評価を得ることになり、きっと栄転するだろう。なぜなら、現在の制度ではデフォルトが起きない限り信用スプレッドは「益」と認識され、成功と判断されるからだ。もしかしたら取締役クラスになっていることも考えられる。
>
> 　信用リスクの発現は業種・時期に集中がある。仮にその3年後、彼が増やした融資のポートフォリオに実際にデフォルトが発生し、損失が出たとする。責められるのは、現在の支店長なのか、現在は出世した旧支店長なのか。当然彼がその責任をとるのかもしれない、あるいは現支店長は途上与信の失敗として責めを負う評価システムになっているかもしれない。ただし、旧支店長は反論するかもしれない。「6年先を予想できるものなどいるわけがない」。さらにもしかしたら、6年間で考えれば、計算上彼のポートフォリオから生み出された信用スプレッドの総額は実際のデフォルトの損失額を上回っているかもしれない。論理的には、彼の融資戦略は成功しているのだ。
>
> 　しかし、実際には、その信用スプレッドの分は、一部内部留保の源泉になったとはいえ、すでに収益認識してしまっているので、会計・税務上終わったことになっている。当該一期に多大な「元本損失」を計上したと咎められ、だれかが責任をとらなくてはいけないかもしれない。だれなのであろうか。

グラムのなかで、銀行の収益性向上を目標として掲げている。しかし、この目標を達成するためには相応の環境が整備されていなければならない。信用スプレッドを上げることは、債務者側企業から債権者側銀行へ富を移転することを意味する。債務者側の理解が得られるような環境づくりに励まなければ、道のりは険しい。

　この点、日本と米国の金融の環境に以下のような大きな相違を指摘できる。
・銀行の数は減ったが、預金総額は減っておらず、民間銀行の資金供給能

力が借入需要を上回っていると考えられること。
- 借入側の企業が複数行と付き合うケースが圧倒的に多いこと[84]。
- 巨大な政府系金融機関や制度融資が存在すること[85]。
- 米国に比べ相対的に借入側企業の利益率が低いこと[86]。

つまり、マクロ的観点からリレーションシップバンキングの定着を考えた場合、ミクロ的な銀行個別の努力による潜在資金需要の発掘だけではなく、融資需要と供給の双方における、さらなる最適化が必要条件となる。経済の上昇局面において資金需要が増加するとともに、市中金利水準が上昇し、コスト対比の融資ベネフィットを借入側が意識せざるをえなくなる一方、銀行のオーバーバンキングも是正される状況が望ましい環境である。

しかし、経済苦境の局面で銀行の負債である預金は従来どおり守られ（預金が減少しない）、銀行再編はさほど進まないまま回復局面を迎え、さらに、政府系金融機関等による一定の低利融資が提供され続けられる状態が続くとするならば、リスク相応の期待金利を実現しようとしても無理がある。政府系の役割は、危機的経済期に起こる中小零細企業の破綻への機動的かつ選別的な対処に限定すべきである。平常時もしくは回復の過程では民間が前面に出るといった強い線引きがなければ、借入側の資金需要、特に長期資金に対して政府系の低利融資は健全な金融規律をもたらさない調達手段となる。

さらに、銀行の収益性の問題は借入側の収益性と表裏一体であることをかんがみれば、景気サイクルの往復する過程で、企業群全体の収益性を高める必要がある。本来退出すべき企業が政策上の配慮から温存され、平時においても長期の擬似資本性資金までが低利で融資される機会があれば、民間銀行の提示金利水準も下方に圧迫されざるをえない。

---

[84] 米国では1銀行としか取引のない企業が大半である。
[85] 小野（2007）によれば、日米の中小零細向け政府系の保証額において10倍の差があり、その他の主要国と比較しても日本が突出している。
[86] 小野（2007）によれば、日米中小製造業のROAの比較（1980〜2004年の平均値）では軽く2倍以上の開きがある。

コラム7

貸出金利の上昇

　本編で説明した地銀の2007年の決算情報では、地銀の信用コストは0.3%、ROEは6.9%（法人税を40%と仮定）と試算される。同時期の中小企業（資本金1,000万円〜1億円）企業、つまり産業側の自己資本経常利益率は9.7%、ROEは5.8%（法人税を40%と仮定）と推定される。融資金利が1%（現在の平均金利を約2%とすると3%）上昇すると産業側のROEは5.2%にまで低下する。銀行側のROEはその分上昇する。つまり単に金利を上昇するだけでは、産業側から銀行側への富の移転で終わってしまう。株式投資家全体では差引きは変わらない。

　さらに銀行が適切な信用リスク分析を行わなかった場合、1%金利が上昇することで産業側のデットサービスが悪化することになるので額面どおりのROEの上昇とはならない可能性もある。つまり、融資額の増加を伴わない単なる金利の上昇はマクロ的にプラスとならない可能性が高い。ただし金利が上昇することで、金融機関の破綻が回避され税金の投入による救済の必要がなくなれば、その分はプラス要因であろう。

リスクマネー相関図

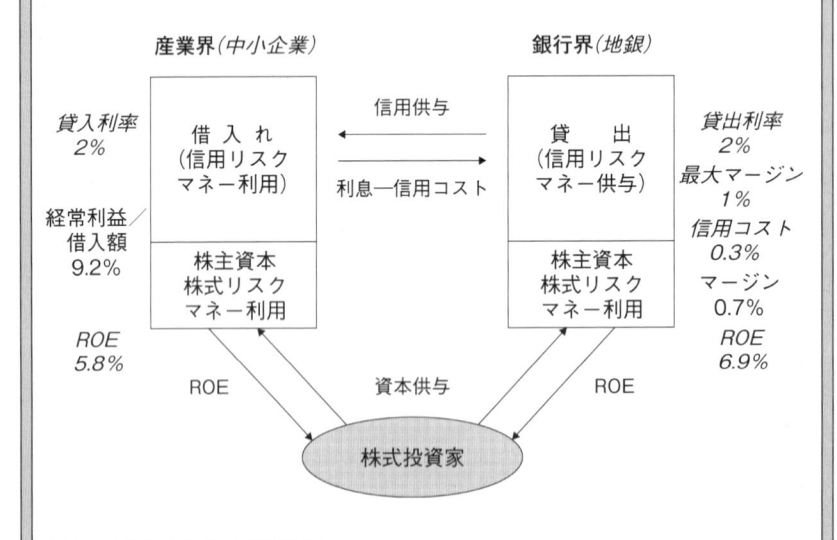

```
産業界（中小企業）                        銀行界（地銀）

貸入利率      ┌─借入れ─┐  ←信用供与─  ┌─貸出──┐    貸出利率
 2%          │(信用リスク│              │(信用リスク│      2%
             │マネー利用)│              │マネー供与)│    最大マージン
経常利益／    │          │ 利息－信用コスト│         │      1%
借入額        │          │              │          │    信用コスト
9.2%         ├──────┤              ├──────┤     0.3%
             │株主資本  │              │株主資本  │    マージン
             │株式リスク│              │株式リスク│     0.7%
             │マネー利用│              │マネー利用│     ROE
 ROE         └──────┘              └──────┘     6.9%
5.8%              │   ROE   資本供与   ROE   │
                  └────→ 株式投資家 ←────┘
```

（注）　斜体は2007年の試算数値

重要なことは、無担保で採算の合う借入先の発掘である。産業側がその融資額に対して金利以上の収益をあげることができれば、産業側の収益性もあがる。つまり両者の収益が向上し、株式投資家の収益性が向上し、株式リスクマネーも増加するだろう。

　またマクロ的には、株式リスクマネーと信用リスクマネーはそれぞれバランスしながら流通することが必要である。供与する者が適切にリスク管理を行うならば、上記のとおり流通量は多ければ多いほどよい。当然リスクマネーの流通量が増加すれば、デフォルトリスクも増加する。重要なことはそれを上回る収益性である。その収益性の追求の過程で健全な競争が発生し経済・産業の新陳代謝が起き、一国の経済成長が長期的に持続していくものと考える。つまり金融側からは、信用リスク分析能力を向上させてリスクテイクすることでリスクマネーの供給量を増やし、産業側は得た資金（株式投資資金とともに）で果敢に事業展開を行う拡大均衡を図ることが必要だと思う。言い換えれば、マクロ的には、銀行の体力向上は企業の体力向上と本質的には同義であり、本来 Win-Win の関係を目指すべきである。現在のように無担保融資を積極的に行わず、信用リスクをとらないことは縮小均衡への道となろう。

銀行とバーゼル

　現在、日本の銀行はバーゼルIIの規制を受けている。バーゼル銀行監督委員会はもともと、1970年代に起きた銀行の破綻をきっかけに設定され、国際的な金融機能の安定化と競争の不平等を軽減することを目的としている。もっと単純にいえば、国際的金融ビジネスを行う銀行が平等かつ健全な自己資金を確保するよう規制することを目的としている。

　平等の観点とは、①実体経済に広汎な影響を及ぼしうる、すなわちシステミックリスクを有する銀行が、そのビジネスから生起しうる損失のバッファーとして機能する自己資本をどの程度積むべきか、また、②そもそも経営上の目標としての自己資本そのものが低い、あるいは急激な業績悪化により当初の自己資本を大きく棄損している、あるいはリスク量計測自体が不正確である等々、さまざまな状況にある銀行が確保すべき自己資本水準をどこ

に設定すべきか、という点を各行の裁量に任せるのではなく、グローバルに共通のフレームワークのもとで計測することである。

1988年に国際合意がなされた最初のバーゼル規制は、わが国において1992年に適用が開始された。しかし、債権の分類が大雑把で、一般事業法人向け与信については一律100％のリスクウェイト[87]を乗ずるなどリスクの濃淡を表現するのに精緻さがないため、銀行がリスク管理を洗練するインセンティブが働きにくい。また、オペレーショナルリスク[88]に対応すべき資本は確保されないなど、その時代適合性・有効性に対する疑問が導入時から盛んに指摘された（1992年初頭、ニューヨークで開催されたコンファレンスで米国連邦準備制度理事会のグリーンスパン議長が問題提起をし、バーゼル銀行監督委員会のデ・スワン議長が当時の規制の現実的有用性に対する評価を行った）。これらを契機として、以後長年月にわたる議論がなされ、2004年6月にバーゼル銀行監督委員会から新しい枠組みの最終案が公表された。これを受け、金融庁において国内実施に向けた具体的検討が開始され、本邦金融機関についても現行バーゼルIIが2007年3月末より実施されるに至った。

バーゼルIIは、信用リスク、マーケットリスク、オペレーショナルリスク計測の精緻化やリスク管理手法の高度化への対応を図る第1の柱とともに、銀行の統合的リスク管理態勢の評価や早期警戒制度の活用（第1の柱ではカバーされない、銀行勘定の金利リスクと信用集中リスクが重点関心事項）からなる第2の柱、さらにはそれらを補完するものとして、情報開示の充実により市場参加者の銀行のリスク管理の優劣を評価し、市場規律を通じて銀行経営の健全性維持を目指す第3の柱から構成される。バーゼルIと同様にバーゼルIIでも金融の安定・預金者保護・ビジネスの平等の基本理念は同じであるが、確率・金融工学的アプローチも取り入れられるなど、リスクの捕捉手法がより精緻なものとなった。

---

[87] 100％のリスクウェイトの場合、最低8％の自己資本が要求される。リスクウェイトは8％を基準とした割合である。
[88] 事務事故や不正行為によって損失が生ずるリスク。

適用にあたりバーゼルIIは銀行にいくつかのオプションを提示している。信用リスクの計測においては、標準的手法と内部格付手法の選択である。内部格付手法はさらに基礎的手法と先進的手法に分かれる。したがって、銀行には3つのオプションがある。

　標準的手法は、前回のバーゼルの進化形で銀行の資産をより細分化し、さらに外部の格付会社の格付を使用できるようになった。

　内部格付手法は、銀行が採用している行内格付を利用できることに特徴がある。この手法を利用する銀行は、観測期間最低5年の過去データに基づく格付等級ごとのデフォルト率（Probability of Default＝PD）を、また実測データに基づき与信ごとの平均残存年数を自ら推計する。その他の要素であるデフォルト時損失額（Loss Given Default＝LGD）およびデフォルト時エクスポージャー（Exposure at Default＝EAD）は当局設定のものを使用する。しかし、先進的内部格付手法採用行においては格付ごとのデフォルト率や平均残存年数に加え、デフォルト時損失額やデフォルト時エクスポージャーをも自行で推計する必要があり、これらのデータに関しては観測期間が少なくとも7年の過去データが必要となる（PDは5年分あればよい）。

　自己資本として要求される基準となるのは、ストレス損失の部分である。このストレス損失の計算は、バーゼル銀行監督委員会が用意した関数に上記の4要素を入力することで一律計算される。ストレス損失のみが対象とされる理由は、期待損失率をすでに信用スプレッドから引当金として積んでいるからである。

標準的手法の考察

　標準的手法は、適格格付機関の格付を使用する。適格格付機関は定性的な適格性基準と定量的なマッピング基準に基づいて、当局が選定する。定性的基準は客観性・独立性・透明性などを対象としているが、利益相反の問題をみる限り、現行基準の有効性に疑問をもたざるをえない。定量的な選定基準は、格付別3年累積デフォルト率の推移に対する検証・モニタリングが中心

になっている。

　銀行の保有資産に対する必要自己資本の計算は、資産カテゴリーごとに格付によって決められている。たとえば事業法人向けエクスポージャーの場合は、リスクウェイトから逆算される最低必要自己資本比率は、AA以上は1.6％、Aは4％、BBB～BBは8％、B以下は12％、格付がないものは8％となっている。こうした比率は、当局が適格格付機関の選定で3年累積デフォルト率の過去10年間の平均値として念頭に置く「基準レベル」（AA以上が0.1％、Aは0.25％、BBBは1％、BBは7.5％、Bは20％）を背景に決定されたと思われる。

　格付をしてきた経験からいえば、デフォルト率の「基準レベル」は少し甘いかなと思うが、格付が将来予想であり、不確実性を伴うものと解釈すれば、妥当な範囲であろう。一方、その格付を使用して計算されるストレス損失あるいは必要自己資本については、A以上は妥当と思うが、それ以下には問題があると考える。

1　BBBとBBでは本来ストレス損失のレベルが違うはずだが、同一になっている。BBに対しては甘く、B以下はさらにその傾向が強い。期待損失をとらえるのであればこうした数値はポートフォリオ効果[89]と考えられなくもない。しかしストレス損失を考える場合、デフォルトの相関を高く評価する必要があり、一時期に大きな損失が発生すると想定すべきである。

2　この計算のマトリックスでは格付がないものとBBBが同等なので、A以上しか格付の意味がない。端的にいって、銀行にとっては対象資産がBBBに格下げになったらBB以下にならないうちに格付を取り下げてもらい、無格付としたほうがよい。そうすれば、A以上の格付以外はすべて8％の自己資本を積むということになる。その場合、A格未満のすべての企業のストレス損失がすべて8％で収まるというのはきわめて

---

[89] 同じBの企業でも同時にデフォルトするわけではない。

疑問である。
3 海外業務を行わない銀行は国内基準が適用され、要求される自己資本も国際基準の半分の4％でよい。本来バーゼルIIの理念は、銀行のリスク分析手法の高度化と自己規律を促すとともに、情報開示を行うことで市場からの監視機能を高めることにある。逆にいえば、自己規律を維持できない銀行は市場から退場を勧告される。しかし、国内基準の存在によって、国内業務のみを行う銀行と国内業務も海外業務も行う銀行間に大きな不公平ができると同時に、ハードルの低い国内基準が適用される銀行は、リスク分析の高度化および自己規律を促す内部格付手法への移行を積極的に進める動機が低下するおそれがある。

たとえば、年率PD0.5％の事業法人向け債権の場合、基礎的内部格付手法であれば69.61％のリスクウェイト（マチュリティーを2.5年、回収率を55％とする）で必要自己資本は約5.6％となるが、同様の債権はBBB－程度と考えられることから、標準的手法では8％の自己資本が必要となる。つまり内部格付手法によるリスクウェイトは標準的手法に対して若干低く設定されている。しかし、4％を基準とすれば内部格付手法のほうがリスクウェイトが高くなる。国内基準にも内部格付手法が導入されるのであれば別であろうが。

内部格付手法の考察

バーゼルIIの内部格付手法は、筆者が評価する人的な判断も十分加味されたスコアリングシステムとほぼ同じものである。したがって、筆者は各銀行がこの方向に進むことを望むものである。しかし、以下の問題点も指摘したい。
1 格付ごとのポートフォリオのストレス損失の計量に上記で説明した一律の関数を使用していること。これでは、本来ポートフォリオレベルの信用リスク分析で重要な「ストレス時におけるデフォルトの発生の集中＝一般的には相関係数の上昇とデフォルトタイミングの早期発生を想

定した柔軟なストレステスト」が行えない。
2　同じ期待デフォルト率の債権は同じ格付が付与される可能性が高いこと。平時において同じ期待デフォルト率と推計できても、ストレス発生時のストレス損失に違いがある債権は多い。つまり、期待損失率は同等でもその不確実性に相違がある債権は多い。この点、バーゼルにおいて、ストレス時のPDは信用劣化の度合いを各行十分に検証（ストレステスト）したものでなければならないとされている。そうであれば、ストレス時の信用力劣化度合いを、平時における個々の債務者ごとの行内格付にあらかじめ織り込むことが望ましい。つまり、期待損失率は同等でも、その不確実性に違いがあれば違う行内格付を付与する必要がある。定性的な表現を使えば「格付の安定性を織り込む」ことであり、定量分析的な表現を使えば、「将来起こりうる損失の確率分布を計算し、期待損失率だけでなく、その分布の形状も加味する」ことである。

実体経済と自己資本比率規制

　バーゼルの規制に対して、「プロシクリカリティー」の議論が存在する。「プロシクリカリティー問題」とは、以下のような「規制が景気変動を増幅する効果の問題」である。

　自己資本をリスク資産に対して8％以上とすることが適切だろうか。これをリスク資産から非期待損失が生起する確率ととらえるにしても、なぜ6％でなく、10％でもなく、8％なのか。銀行が8％を遵守するために信用供与を抑え、それが債務者のリファイナンス能力を低下させ、結果として銀行の信用損失が上昇し、その信用供与能力がますます圧迫を受けるという負のスパイラルにならないか。

　また、内部格付手法のPDは過去データを参照することから、景気転換点の後追い情報となる。つまり、景気が底をうち、回復局面に入っても過去データは不況期のデフォルト状況をしばらく反映するため、債務者の調達信用スプレッドは実質的に割高なものとなり、景気の回復に水を差す可能性があ

る（行きすぎた保守主義、行政も巻き込む加熱したストレスPD論争でも同様の結末を迎えうる）。逆に、景気の上昇局面が長く続き、転換点に差しかかったとき、将来の期待デフォルト率は上昇する傾向となるが、過去データは好況期のデフォルト率を反映したままのため、信用スプレッドは割安となる可能性が高い。本来、信用リスク分析は将来の予測であり、過去や現在の状況に過度にとらわれることなく、「先読み」して動く必要性がある。

　信用リスク分析は景気変動に影響を与えることが目的ではない。また、信用リスク分析機能の向上に支えられ、景気変動の影響を過度に受けずに目標とするビジネス展開を可能にする自己資本を自ら判断して備えることが、銀行の成長性と安定性をもたらすことも理解すべきである。何も8％にこだわる必要はなく、バーゼルは最低8％といっているだけである。8％が妥当でなければ変更すればよかろう。「プロシクリカリティー」の問題は、それをもって解決されるべきものである。

　各銀行の信用リスク分析能力に依存するのではなく、強制的に必要資本金の基準を変動させる方法（標準的手法では格付別のリスクウェイトの変更、内部格付手法ではストレス損失を計算する関数の数式変更等が考えられる）が議論の俎上にのぼることがある。たしかに金融機関の安定性に効果があるかもしれないので、政策当局は興味を示すかもしれない。しかし、同時に銀行の自己責任原則を大きく損なう可能性がある。また、世界一律で行うとすれば、それぞれの国内経済事情を無視したものにもなりかねない。

　さらに、このような議論は今回の米国のバブルの反省から起こったものであろうが、今回のバブルの本質は過剰流動性と銀行（主に投資銀行）・投資家・格付会社の信用リスク分析能力の欠如（期待損失率だけではなく、その不確実に対する評価の失敗）に帰結すると考えられるのではないだろうか。そうであれば、必要自己資本の基準の変動は問題の解決につながることなく、逆に悪化させる可能性がある方法といえる。

　規制のあり方をめぐる議論がその重要性ゆえに尽きない銀行のような機関でも、収益動向をめぐりさまざまな思惑が交錯する株式市場に上場している

以上、株価の動向をある程度意識した経営を行わざるをえない。そのため、景気動向を敏感にキャッチし、必要な信用資金を供給するという銀行の本来の機能がうまく働かず、逆に景気循環作用を増幅させる因子になると指摘されることもある。また、Tier I [90]として認められている額の範囲内とはいえ、銀行が顧客との関係を戦略的に維持するために保有する株式の含み損益は、市場価格の変動を受けるため、資本の安定性にマイナス効果をもたらすと各方面から指摘されている。

コラム8

信用スプレッドと利益認識

　ここにあげることは会計論を議論することを目的としていない。単純に信用リスクが内包される商品をビジネスとして扱う場合の、収益（信用スプレッド）と損失（デフォルト）に時間差があることに関する考察である。

　昨今米国で問題になったことは、信用リスクをとったビジネスを行った場合、期間収益が上昇することで、多大な収益を得ることができ、一定期間後デフォルトが発生した時点では、担当者がすでに個人資産を形成していたり、転職していたりしている。つまり「利益の先取り」を行えたという単純な理屈である。

　信用スプレッドについて再考してみる。債券市場では、信用スプレッドから「期待損失率」を差し引いた部分を「流動性プレミアム」としており、そこから事務費などの間接費用を差し引いたものを「期間収益」として認識している。単純な話だが、「内部留保」を行わず「流動性プレミアム」を収益として認識し、ファンドマネージャー・経営者や株主に還元したならば、実質「将来の流動性リスク」は問題なしと判断したことにならないのだろうか？　信用スプレッドには、「期待損失率」のみならず、その不確実性（期待値にならないリスク）に対する対価も含まれている。これが流動性プレミアムの相当部分を説明できるのではないかと考えている。

　したがって、信用リスク分析の観点から考えてみると、信用ビジネスとして融資の実行や債券投資を行うものが「期待損失率」のみ引当てをして、残

---

[90] 銀行の自己資本の質を示すもの。基本的に Tier I は資本や優先株。Tier II は劣後債や有価証券含み益など。

りの信用スプレッドを期間収益として認識することに違和感がある。もちろん、これは会計処理を間違えている、あるいは不当であるということをいっているわけではない。信用リスクビジネスの観点から、議論の必要性を提起するものである。バーゼルは期待損失率を超える分をストレス損失率として資本要求しているが、そのために「わざわざ一律の関数」を用意している。その資本が足りない場合は「資本調達」を行うことを想定しているようであるが、単純に考えれば、まず第1に信用スプレッドに期待損失率の不確実性が含まれるならその分を引当てし、内部留保すべきではないか。一見、期間収益が減少するようにみえるが、積み立ててきた信用スプレッドは、元本が償還されるに従い収益認識できる。銀行や機関投資家のポートフォリオは毎期償還する元本が存在するから、結果として期待損失率に信用リスクが収まれば、引当金が取り崩され、結果として同じ収益があがり、そのビジネス行為に対する評価にも正当性が出る。ただ「利益の先取り」ができなくなるだけである。

第 2 節
投資家と債券市場

債券市場の機能

　債券市場に期待される機能は、価格発見機能と資金分配機能である。価格発見機能とは、投資家同士の売買によって信用スプレッドが決定されることを指す。売却側の投資家は「できるだけ信用リスクを低く」主張するのに対して、購入側の投資家は「できるだけ信用リスクの高さ」を主張して取引に臨む。証券会社は取引の仲介者である。売買する投資家の信用リスクに関する見解、つまり価格が折り合ったところで取引が成立する。投資家は発行体に関する情報を平等に所有している[91]。ただし、発行体の将来の信用力に対する見解は、それぞれのリスク分析によって形成される。こうした独自の見解が競い合うことによって築かれる投資家同士の緊張関係は、健全な市場が育つ必要条件である。発行体は市場から発信される信用スプレッドを参考にしながら、自社に有利と思われる状況とタイミングで債券発行を行う。

日本の債券市場の歴史と現状

　債券発行の完全自由化が行われてから10年以上経過するが、日本の債券市場はいまだに片肺飛行の状態が続いている。投資家は投機的等級の信用リスクには興味を示さず、市場形成は投資適格等級の債券が中心である。なぜこのような状況が続いているのか、歴史の経過をみてみよう。

　筆者が知る限り日本における債券の利用は古い歴史をもつ。明治政府は、1870年に鉄道敷設資金を調達するためロンドンで債券発行した。その後も日本政府による起債が継続的に行われた。有名なものとしては、日露戦争の戦

---

[91] 機密情報を所有していれば、インサイダーになるおそれがある。

費調達のための国内外市場での債券発行である。戦後、経済成長を加速するため、政府は重点産業に資金を傾斜配分する手段の1つとして債券発行統制を行った。当時の債券発行は「起債会[92]」によってコントロールされ、債券の償還は実質的に「受託会社（銀行）」によって保証された。投資家にとって、信用リスクは大きな懸念事項ではなかった。そのため、長い間、債券市場関係者の信用リスクに対する関心が薄く、信用評価能力面での大きな進展がみられなかった。

1980年代の規制緩和により、社債の発行統制が廃止され、「適債基準[93]」が導入された。同時に、適債基準を満たすものとして、格付制度が採用された。しかしながら、一定レベル[94]以上の格付を取得できない企業は実質的に債券発行ができないため、市場の完全自由化には至らなかった。日本の債券市場では引き続き信用力の高い発行体が主役を占め、投資家が信用リスクを強く意識する必要のない環境が形成された。起債会は1990年代初頭に解散したが、適債基準が廃止され社債市場が完全自由化になったのは1996年である。適債基準で使用されたことによって、格付は債券の質（安全性）を担保するものとして市場で広く認識された。しかしながら一部の投資家は無批判に信用評価を格付に依存し、自社の信用リスク分析機能の増強を怠ったことを指摘したい。

1990年代にバブルが崩壊した後、金融危機が訪れ、市場関係者の間でやっと信用リスクに対する認識が高まった。しかし、大手企業の破綻は多少あったものの、債券のデフォルトは引き続き限定的であった。政府による銀行の救済⇒メインバンクによる主要企業の救済という伝統的な構図が生き残ったからである。そのため、2000年を過ぎても「一定の格付レベルにある企業は、債券デフォルトを起こさない」という「根拠のない確信」が、市場関係者によって語り継がれた。結果として、積極的な信用リスク分析努力を行わ

---

[92] 起債会は引受証券会社や受託会社（銀行）によって構成された。
[93] 適債基準には、格付基準のほかに数値基準もしばらく併用された。
[94] A格以上。

ず、格付に強く依存する投資家が市場でマジョリティーを占めるようになった。2007年後半に米国で発生したサブプライムローン問題は、「格付に対する不信」を生んだ。もちろん「格付の失敗」が主要因であるが、長年にわたって醸成されてきた投資家の「格付に対する過信・過大依存＝自己信用リスク分析能力の弱体化・軽視」も反省される時期にきたといえよう。

機関投資家の宿命——投資しないと仕事がなくなる

　ファンドマネージャーは、何もしないでただ国債を買い続けることを選択することはできない。なぜなら、国債で資金を運用しても、自社のビジネスコストや顧客の期待収益を上回る利回りを確保できないからである。したがって、ファンドマネージャーが債券投資をしないことは自分の職を失うことを意味する。顧客からの預り資金が流入する限り、ファンドマネージャーは信用リスクをとって、スプレッドを追求し続ける必要がある。

　機関投資家が健全な信用リスク分析機能を維持していれば、リスクを無視した投資行動に対して抑制力が働く。必然的に信用リスクに見合った信用スプレッドが要求されるようになる。しかし、適切な信用審査機能をもたず、運用評価が主に期間損益（通常1年）によって測られる場合、内部規則で許される最大限の信用リスクをとり、高い信用スプレッドを享受する投資行動をとるファンドマネージャーは高く評価される。なぜなら、投資対象の債券は購入後直ちにデフォルトを起こすことはまずなく、通常は一定期間経過後（たとえば4年後）に発生する。それまでの間、該当ファンドマネージャーは獲得した高い信用スプレッドによって、優れた評価を得る。もちろん、デフォルト時には強い反動が予想されるが、後の祭りである。

　こうした不適切な投資姿勢をもった機関投資家が多く存在すると、信用評価に時間とコストをかけ、妥当なリスク・リターンを追求する市場参加者が不利になる（購入できる債券が減少する）。状況がさらに悪化すると、健全な投資家はスプレッド面で妥協しないと、債券の購入がむずかしくなる（ファンドマネージャーは必ずどこかで投資する必要がある）。結果として、信用スプ

レッドが加速度的に縮小する。こうした状況下で投資の一部にデフォルトが起きた場合、ポートフォリオ全体で享受できる信用プレミアムをもってしても、発生した信用損失をおぎなえきれない可能性がある。

アレンジャーの宿命──引受け・販売せざるをえない

　収益の計上と信用損失の発生に時間差があるのは、アレンジャー（証券会社・インベストメントバンク）の行動様式にも影響を与える。債券の引受手数料や証券化商品のアレンジメントフィーは、取引のクロージング時に支払われるのが通常である。短期収益の最大化が目的なら、アレンジャーは信用リスクに見合うスプレッドでなくても、投資家の購入意欲が続く限り、引受けを積極的に行う可能性がある。

　証券会社・インベストメントバンクでは、引受部門と投資家に債券を販売する部門は分離されている。利益相反を防ぐためである。引受部門は発行体の利益を代弁する機能（より低いコストでの発行）を、債券販売部門は投資家の利益を代弁する機能（信用リスクに見合うスプレッドの確保）を期待されている。しかし、投資家が強く証券会社に求めるものは、こうした機能より信用商品の品揃えの豊富さである場合も多い。特に市場に過剰流動性が存在し、投資家にとって投資量の確保が最重要課題である場合がそうである。債券販売部門が顧客である投資家のこうした要望に応えようとすると、引受部門に対して健全性より量の確保を期待する。そうなると、両者は利益相反を牽制し合うより、利害の一致をみる蓋然性が増す。この問題の本質は、投資家の意識にある。

サブプライムローン証券化の教訓
　　──収益と損失の時間差を考える

　収益と損失に時間差がある代表的な信用商品は、居住用住宅ローンである。融資を実行してから損失が発生するまで、10年あるいは20年の時間を要する場合もある。今回脚光を浴びたサブプライムローンも、問題が発生する

まで、関係者は多大な期間収益を計上した。サブプライムローンの証券化の仕組みを、もう一度簡単に図表3-3にまとめた（実態はもっと複雑であるが、説明上簡素化している）。

米国では、主にノンバンクであるモーゲージバンカーが住宅ローン融資を行う。2006年末時点で、米国の住宅ローン約10兆ドルのうち、約15％がサブプライムローンであった。そのまた半分程度が証券化され、市場で取引されたとされる。

金融機関（主に証券会社であるインベストメントバンク）はモーゲージバンカーからサブプライムローンを買い取って、RMBS（Residential Mortgage Backed Securities）として証券化する。このうちシニアトランチと呼ばれる債券は、相対的に信用スプレッドが高いことから、多くの機関投資家は積極的に購入した。SIV（Structured Investment Vehicle）と呼ばれる運用ファンド[95]は、その代表的な購入者の1つである。

このプロセスを通して、モーゲージバンカーはローン売却益を、証券化を

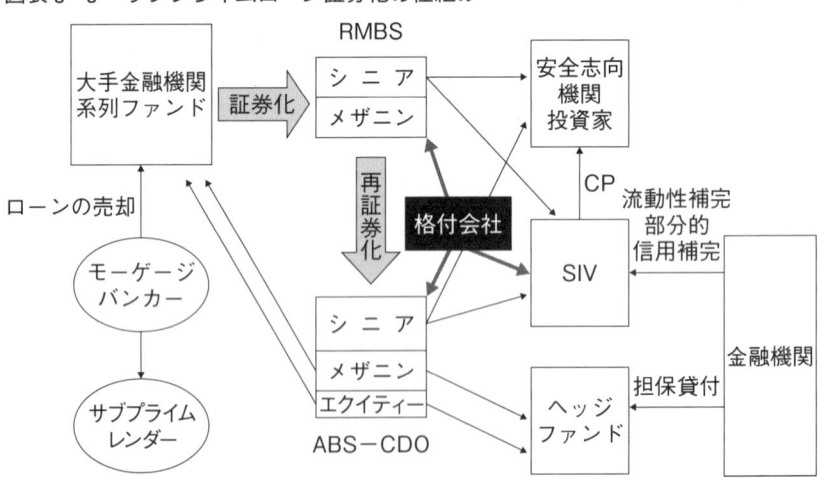

図表3-3　サブプライムローン証券化の仕組み

---
[95] 米国・欧州の銀行がスポンサーとなっていたものが多い。

組成するバンカーはアレンジメント手数料を、格付会社は格付手数料を、投資家は相対的に高い信用スプレッドを享受することができた。

メザニンと呼ばれる中位のリスクを内包する債券は、多数の案件のメザニンとともに集められ、ABS-CDO（証券化された証券化商品を束ねて証券化された信用商品）として再証券化された[96]。再証券化のシニア債もまた多くの機関投資家やSIVに購入された。SIVは実質的な親会社である金融機関から流動性補完や実質的信用補完を得ることで[97]、格付会社から取得した高い短期格付でCPを発行し[98]、債券の購入資金に充てた。ABS-CDOなどのメザニン債からエクイティーと呼ばれるハイリスク・ハイリターンのものは主にヘッジファンド[99]に購入され、ヘッジファンドはそれらを担保に金融機関から短期資金を借り入れ、どんどんレバレッジを上げていった[100]。SIVもヘッジファンドも、短期資金調達コストと再証券化のシニア債の信用スプレッドの差を「期間収益」として計上した。金融機関も格付会社も、それぞれアレンジメント手数料と格付手数料を期間収益認識した。

つまり、関係者はこのような取引を繰り返せば繰り返すほど、「高い期間収益」を確保できたことになる。しかし、その実質的原資はすべて当初のサブプライムローンに対して支払われた信用スプレッドである。考えてみれば、サブプライムローンの信用スプレッド[101]の高さは信用リスクの大きさを意味している。この基本認識は魅力的な収益を生み出す証券化取引を前に

---

[96] シニア債を再証券化したものもある。またタイプの違う証券化案件のメザニンとともに裏付債権となっているものも多い。
[97] 伝統的なABCPプログラムとは違い、必ずしも100％の流動性補完や保証契約のような信用補完を受けるものばかりでなく、キャピタルノートと呼ばれる劣後債を利用していたものもある。市場ではスポンサー銀行の実質子会社とみなしていた。
[98] CPだけでなくCDOの発行も行っているものもある。
[99] 「ヘッジファンド」といっても多種多様なものがあり、ここにいうヘッジファンドはその一部である。
[100] ファンドが購入した証券化商品を束ねてCDOとして再証券化している場合もある。
[101] サブプライムローンは当初の数年間金利が低いが一定期間後金利が上昇する仕組みとなっているものが多い。

して、忘れられた感がある[102]。

サブプライムローンの証券化商品が活発に取引できた最大の理由は、不適切に高い格付である。しかし、収益と損失の発生に時間差があることも左右していると考えられる。米国では証券化商品の裏付資産の情報は入手可能であり、CDOなどの格付分析モデルも公開されている。また、大手金融機関、SIV、ヘッジファンドの関係者はアマチュアではなく、証券化のプロ中のプロである。格付の質を検証しようと思えば、できた可能性が高い。結局、投資家も目先の収益の魅力に目がくらんだ面があることを否定できないのではないか。

コラム9

投資と信用リスク分析能力の例（文責：山内）

ちなみに、米国のサブプライムの証券化商品をリパッケージしたCDOに投資するなら、以下の分析能力が必要であろう。この大部分は長年証券化され分析データがそろうが、そのような過去データがないものの場合は、定性的な議論となり、日本人にとっては大変むずかしいものになる。

① 基本
  ・為替の動向
  ・ドル金利の動向
② 住宅価格について
  ・米国人のライフスタイル（土地ではなく住宅の建物に重きを置き、建物のメンテナンスに熱心＝価値の維持）
  ・米国の住宅価格事情（州ごとに結構違う）
  ・賃貸価格からの住宅価格の下限値の推定（空室率控除後）
③ デフォルト率について
  ・実質DTI＝給与水準－生活固定費からの支払能力推定
  ・米国人の収入格差と失業率格差（収入レベルと失業率の相関）
  ・過去延滞記録者やサブプライム向け短期小額金融の延滞率（この場合サブプライムオートローン等の延滞率の記録や低所得者層カードキャッシ

---

[102] デフォルトしても住宅からの回収率が高いと判断していたことも指摘しておく。

ングの延滞率の記録など）
- ARM（変動利率の住宅ローン）のデフォルト率の金利感応度
- LTV＝比率の問題ではなく、頭金としていくら用意できていたか（つまり少ない給与から節約することでいくら貯めたのか）
- ノンリコースローンの条件
- モーゲージバンカーの競争力・審査ポリシー・手法など

④ 分析手法について
- 米国の住宅ローンデフォルト分析モデルに内包される定量・定性的前提条件。ロスカーブの設定
- CDOでは、リパッケージしたRMBS間の相関係数、デフォルトタイミング
- 原資産がサブプライムローンであれば、ストレス時のデフォルトの相関の上昇とデフォルト率の上昇に起因する住宅価格の下落との相関（サブプライムローンの債務者はいわば限界住宅購入層と考えられることから、この層のデフォルトの増加は住宅価格の下値の変動と相関が高いと考えられる）

⑤ ストレステストの実践と信用補完の妥当性
- ストラクチャーのウォーターフォール
- キャッシュフローモデルの作成

など

　信用リスク分析アナリストであれば、上記の分野すべてに精通している必要がある。結果として現在の状況があるのだから、みんな「バブル」に浮かれていたか、信用アナリストの分析能力が低かったか、あるいは作為的なものがあったか？

　機関投資家が、このような信用リスク分析のプロフェッショナルの意見を参考にするなら、上記に関する参考情報・意見を多数集めてから、専門家と意見交換できる能力が必要になる。このようなことはどの金融商品についても同様にいえることであり、機関投資家＝投資のプロフェッショナルなのであるから当然のことである。実際私自身、意見の交換は可能だが、信用アナリストとして上記の分析を行う自信はない（何年か米国に住めば可能かもしれない）。

債券投資家と格付

　日本の債券の投資家は、機関投資家と呼ばれる資金運用の専門家、銀行やノンバンク、余剰資金を運用する企業などによって構成されている[103]。これらの投資家は、一般的に信用力の高い債券を投資対象としている。機関投資家に関しては、1996年に撤廃された適債基準（主に格付基準）に準ずるものを内部の投資ルールとして採用している場合が多い。典型的なルールはA以上あるいはBBB以上の格付が付与されたものを投資の対象と限定し、保有債券の信用力がBBBあるいはBB以下に低下すれば売却を考慮しなければならないと定めている。

　多くの機関投資家は、銀行のような独立した信用リスク分析機能を組織として維持していない[104]。信用リスク分析を投資部門が兼務するか、格付会社の格付意見に依存しているのが実態である。投資家にとって、格付の利用は信用リスク分析の一部をアウトソーシングすることである。しかし、信用評価や投資判断まで格付会社に全面的にアウトソーシングしているわけではない。これは、経理事務をアウトソーシングすることがあっても、財務戦略まで外部に任せる企業がいないのと同じである。

　本来、格付は債券投資にとって必要不可欠なものではない。債券以外の市場（たとえば株式市場）では、格付と同様の役割を果たすものは存在しない。株式の投資家は、対象会社の有価証券報告書、経済・産業情報、証券会社のリサーチレポート（売買の推奨）などを参考に、自己責任で売買を判断している。格付の存在は、債券市場のあり方に影響を与えたのは間違いない。格付が信用力評価に関する参考意見として投資家に利用されるなら、健全な市場の発展に貢献する。しかし、格付に過大依存した信用力評価は問題である。格付を信頼するあまり、投資家の信用リスク分析機能と自己判断能力が

103　近年、個人向けの債券も発行されている。
104　投資部門と独立した専門の担当者をもっている投資家もいるが絶対数は多くない。

脆弱化すれば、市場参加者間の健全な緊張関係が崩れる。本来市場が果たすべき価格発見機能がうまく機能しなくなり、格付にその役割が集中する。結果として、今回のサブプライムローン問題のように、格付の失敗が市場全体に極度の悪影響を及ぼすようになる。

日本では格付会社が5社競争している。格付投資情報センター (R&I)、日本格付研究所 (JCR)、ムーディーズ・インベスターズ・サービス (Moody's)、スタンダード＆プアーズ (S&P)、およびフィッチレーティングス (Fitch) である。各格付会社は格付手法・ポリシーとも異なり[105]、経営戦略・組織運営・アナリストの評価方法も違う。したがって、利用者からみたときに、格付意見の質や格付会社の信頼性に差があるはずである。投資家は利用価値の高いものを選別することによって、格付会社に健全な緊張感を与えることができる。

しかし、実際に格付を行った経験から感じたことは、投資家からの選別プレッシャーは高いとはいえないうえに、格付の裏付となる理由・根拠に対する説明要求も強くない。市場が好調なときにはこうした傾向が特に強い。逆に一部の分野で大きな格付の失敗が発生すると、多くの投資家は検証することなく、すべての格付・格付の会社の失敗ととらえる傾向がある。そのため、市場全体の信用スプレッドが上昇する。

コラム10

リスクマネー

金融のリスクマネーは大きく3つに分類できると思う。①株式投資、②信用力の低い債権、③信用力の高い債権、である。なかでも、重要なものは①と②である。このリスクマネーは量として「リスクマネー額×期間」と考えられる。

一国のこの「リスクマネー量」は金融市場としての国際競争を左右すると思う。統計がないので、まったくの個人的な見解であるが、GDPに対す

---

[105] 格付記号の意味も違う。

る比率を考えると日本の金融市場は他の金融市場に比べて見劣りするのではないか、と考えている。特に①と②については真剣に考えなければいけないのではないだろうか。株式については門外漢なのでコメントは差し控えるが、②の信用力が低い債権については経験上その差を痛いほど感じる。特に投機的等級であるハイイールド債やレバレッジドローンの流通市場には、大きな差がある。今回米国のバブルとその崩壊で、欧米のリスクマネーは相当痛手を被ったと考えられる。現在、日本は金融市場としての国際的な地位をあげるよい機会と思う。だが、日本がそのような金融を整える前に、欧米のリスクマネーは復活するかもしれない。

第4章

信用判断手法

はじめに

本章が目的とするものは、

- 信用評価は、すべて人間(信用アナリスト)の英知によってつくり上げられたものである。
- それぞれの手法から導き出される信用評価が適切であるかどうかを判断するのも、また人間である。
- 信用リスク分析の質を担保するのは、あくまでも優秀な信用アナリストの存在である。
- 信用アナリストが行う伝統的な信用リスク分析は、あらゆる分析手法の原点である。

ということの再認識である。本章では、その信用評価にあたっての「土台」の説明を行いたい。加えて、昨今の「定量的分析モデル」についての簡単な説明と利用の留意点に言及する。

第 1 節
信用リスク分析に向けての留意点

　信用リスク分析の存在意義は、適切な投資・融資判断をサポートする信用力評価の提供である。

債権者の立場を正しく理解する

　企業の収益性が向上しても、債権者が得られる報酬（利息）は変わらない。逆に債務者の信用力が劣化すれば、信用損失を被ることがある。債権にはいわゆるダウンサイドリスクしか存在しない。それに対して、株主は株価の変動を通じて、アップサイドポテンシャルを享受できる（もちろん、ダウンサイドリスクにも直面する）。つまり、信用評価にとって重要なのはリスクの分析である。

　企業が生成するキャッシュフロー（CF）は、債権者と株主がそれぞれの視点からその使途を主張し合うものである。一般的に株主は成長性を好み、債権者は保守性・安定性を重んじる。経営陣が打ち出す財務戦略において、（特に株主に対して）債権者の利益がどのような優先順位で考えられているのかによって、企業の信用リスクに対する考え方が変わる。たとえば、CFの優先使途が配当などの株主還元であれば、負債の返済資金は減少する。また、優先順位は企業の置かれる状況と時期によって変わる可能性があるため、注意が必要である。

信用リスク分析者の現実を知る

　信用リスク分析部門には、自社・自行内で信用ビジネスを推進する部隊や資金調達を考える顧客企業からのプレッシャーが常に存在する。ビジネス部隊にとって、顧客の資金調達に応えることは事業を拡大するチャンスである。信用リスク分析部門の債務者に対する信用評価が有利であるほど、営業

推進部隊がビジネスを獲得できる可能性が高くなる。顧客企業も通常はできるだけ良い信用評価を獲得して、資金調達コストを下げたい。信用リスク分析部門は、直接的に間接的にこうしたプレッシャーを、時には無意識のうちに受ける。格付会社も同様に、債券引受証券会社や発行体からのプレッシャーを受ける。これが現実である。しかしながら、信用アナリストは内部や外部からの健全なプレッシャーを圧力と受け止めることなく、議論に十分に耐えうる適切な信用評価を行う努力に対する期待と考えるべきである。

経済好況期において、企業が成長するための資金を負債で調達することは当たり前の経営行為とみなされ、そのリスクが脚光を浴びることはあまりない。こういうときに懸念を呈することは、信用分析者にとって決心のいる行動である。逆に経済不況期において、事業の競争力を維持するための資金調達であっても、危険な経営判断とみなされ、その効果に冷静な目を向ける人は少ない。このようなときに資金調達の必要性を指摘して、信用リスクの上昇は限定的であると評価することは勇気のいる判断である。場合によっては、自分のアナリストとしての評判を落とすことになる。これも現実である。しかし、根拠のない市場の意見に迎合することなく、自分が適切と信じる評価を発信することは、信用アナリストの最大の付加価値であると理解すべきである。よいアナリストは市場の意見の代弁者ではなく、市場に健全な意見を提供するプロフェッショナルである。

レバレッジの本質を理解する

図表4-1は、企業のバランスシートを単純化したものである。左方は資産、右方は負債（デット）と資本（エクイティー）に分かれる。負債は返済しなければならない資金であり、資本は返済しなくてもよい資金である。負債を資本で割った数値が「レバレッジ」である。レバレッジが高いことは、資本に対して負債が多いことを意味する。

通常、資本より負債で資金調達するほうが、コスト的に有利である。レバレッジを上げるほど、全体の調達コストが下がり、株主の利益（配当や株価）

図表4-1　すべてのファイナンスの構造

負債調達コストが同じなら、デットを多用したほうがエクイティーの利回りは上昇する。

↕

資産のCFが同じなら、デットが多いほうが信用リスクが高くなる。

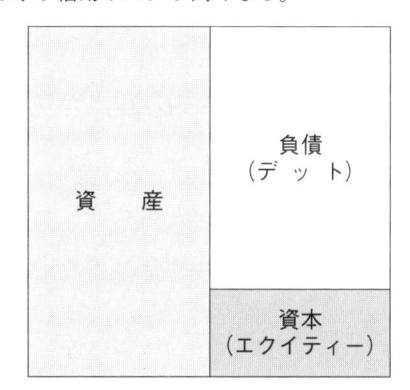

$$\text{レバレッジ} = \frac{\text{負債（デット）}}{\text{資本（エクイティ）}}$$

が向上する。しかし、レバレッジが高くなりすぎると、信用リスクが増大したとみなされ、資金提供者から厳しい信用スプレッドが要求され、負債の調達コストが上昇する。結果として、株主の利益も損なわれる。つまり、信用リスクと株主利益が均衡し、企業全体の資金調達コストが一番低く抑えられる最適レバレッジが存在する[106]。

しかしながら、過去に株主還元が低かった歴史がある反動からか、最適レバレッジの追求より、企業経営において「株価」を「明確に意識した」戦略が目につく。当然ながら、財務戦略も「株価対策」に重点を置くことになる。法的には企業は株主のものであるから、株価を経営戦略の中心に置くの

---

[106] MM理論（モジリアーニ・ミラー）では、どのレバレッジでも均衡しているとされる。しかし、経営者は通常株主の視点に立った経営目標をまず設定し、それに向けて資金調達を考えるのが実態である。

第4章　信用判断手法　113

は当たり前のことである。だが、その過程で「株主価値」の最大化が過大に追求され、企業のもう1つの重要なステークホルダーである「債権者」の利益が軽視された感がある。言い換えると、デットは株主利益の最大化のための道具として位置づけられている傾向にある。もっと極端に表現すれば、債権者の保護（信用力）を無視した株主価値の向上である。

信用リスク分析の観点から資金調達方法をとらえる

　企業の資金調達は、資本調達（エクイティーファイナンス）と負債調達（デットファイナンス）に分類することができる。デットファイナンスを行う手法としては、コーポレートファイナンス、プロジェクトファイナンス、ストラクチャードファイナンス、アセットファイナンス、オブジェクトファイナンス、不動産ファイナンスなどがある。時代とともに新しいファイナンス方法[107]も出現している。ファイナンスの形態が異なっても、信用リスク分析を行うにあたっての基本は変わらない。しかし、デットファイナンスを「経営の自由度＝経営行為・資産・負債に対する制限」の違いによって整理すると、信用リスク分析との関係をより深く理解できる（図表4-2参照）。

　コーポレートファイナンスは、経営の自由度が最も確保できる資金調達方法である。企業にとって一般的な資金調達方法であり、財務戦略もコーポレートファイナンスを中心に考える。

　信用リスク分析担当者にとっては、経営の自由度が高い分だけ企業の将来像を描くうえで考慮しなければならない要素が多くなる。たとえば、M＆Aや業種転換などの企業のダイナミズムも不確実性としてとらえる必要がある。信用リスク分析上の将来予測における不確実性は、必ずしも経営戦略の失敗や実際の信用リスクの上昇を意味するものではない[108]。ただし、不確

---

[107] それぞれのファイナンスに対する理論的な研究・論文は多数存在し、特にコーポレートファイナンスは1つの学問体系となっている。

[108] たとえば、繊維産業は一時衰退したが、多くの繊維会社はさまざまな分野に事業転換し、現在も日本の中核企業として存続している。

図表 4-2　デットファイナンスのイメージ

大　←────── 経営の自由度 ──────→　小　　無
コーポレート ファイナンス　│　ストラクチャードファイナンス
事業会社 ノンバンク 金融機関などへの債権　│　プロジェクトファイナンス オブジェクトファイナンス や REIT WBS（事業の証券化） ファンドなどへの債権　│　伝統的 証券化商品

実性は信用リスクの増加につながる可能性がある。アップサイドポテンシャルがなく、ダウンサイドリスクしかない債権者にとって、こうした不確実性は保守的にリスク分析に織り込まれるべきである。

　ストラクチャードファイナンスは、経営の自由度を制限する仕組みを積極的に利用する。その究極的なものは伝統的な証券化商品である。その他のファイナンス形態、たとえばREITやプロジェクトファイナンス等は、コーポレートファイナンスと伝統的な証券化商品の中間に位置する。どのストラクチャードファイナンス形態も、実質的にデットとエクイティーが併用されている。一般事業会社のコーポレートファイナンスと同様、ここでもエクイティー保有者の価値の最大化が主要目的[109]である。

　経営の自由度が制限されることは、債権者にとって将来の不確実性が減少することであり、債務者は調達能力の増大とコストの低減を期待できる。しかし、一方で、経営の自由度が制限されれば、企業のダイナミズムと環境対応力が低下するおそれがある。もし経営の柔軟性が十分に確保できない状況

---

[109] ストラクチャードファイナンスは、資金調達の多様性、リスクの移転など、必ずしもエクイティー保有者の利益の最大化が直接の目的でない場合もある。しかし、基本的に考えて、ストラクチャードファイナンスもデット調達の形態の1つであり、エクイティーの利益の最大化に使われることに変わりはない。

において、事業に大きなストレスがかかった場合、企業は競争力を失い信用力の大幅な悪化を招く可能性がある。それでは信用リスクの上昇を抑える目的で経営の自由度を制限することが、かえって企業の信用力の劣化を増幅させる結果になる。したがって、経営の自由度の制限がすなわち信用リスクの低減に直結すると考えるべきではない。

企業情報の性質を意識する

　信用リスク分析は各種の情報を利用して、分析対象企業の将来像を描く。しかし、利用できる情報として圧倒的に多いのは、株式投資を意識した事実情報や意見情報である。前者の代表的なものが有価証券報告書であり、後者を代表するものは株式のリサーチレポートである。これらの情報は主に株主や株式投資家に目線を置いたものである。株式はアップサイドもダウンサイドもある金融商品である。したがって、株式向けに作成された情報・レポートから推測される企業の将来像は、必ずしもダウンサイドリスクを重視する信用リスク分析担当者の意識で描くものと重なるわけではない（図表4-3参照）。むしろ、両者が異なることが多いはずである。また、経営陣が外部に

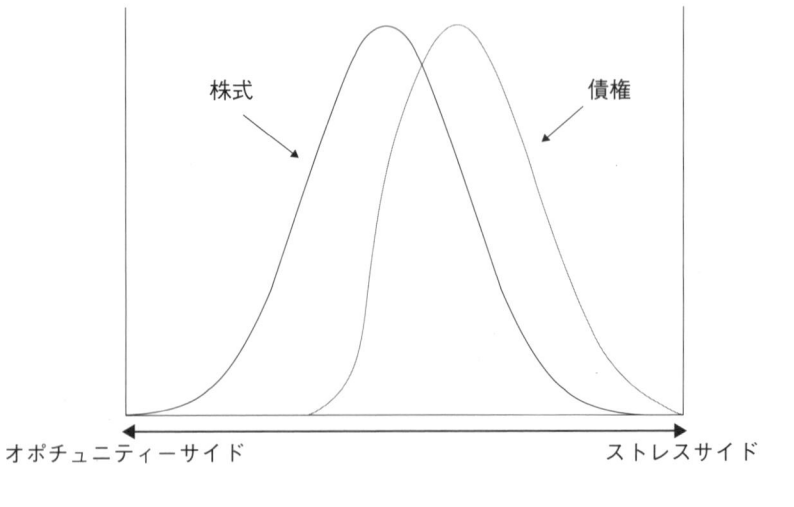

図表4-3　企業の将来像

対して情報を発信するとき、だれ（株主か債権者か）を意識するかによって、表現を変えることがある。アナリストは表面情報に惑わされず、伝えられようとしている（1つしかない）実態を冷静に判断する努力をすべきである。繰り返すが、信用リスク分析を行うにあたって、アナリストは情報の性質を理解したうえで使用することが大切である。

第 2 節
情報開示について

上場企業

　上場企業は有価証券報告書を作成・開示する義務がある。有価証券報告書で開示される情報の量と質は年々充実してきている。信用リスク分析を行ううえで最も重要な定量的情報である。しかし、有価証券報告書は主に株主を対象とした開示情報であり、必ずしも債権者を十分に意識したものになっていないことについて注意をする必要がある。また、個人株主にとって難解な部分が多くある半面、プロの投資家にとって情報量が少なすぎる点も指摘されている。有価証券報告書の情報開示は、だれの目線に合わせて行われるべきかのコンセンサスを形成する、さらなる努力が必要である。

　信用リスク分析を適切に行うためには、有価証券報告書などで開示されている財務諸表を目的に合わせて組み替えると同時に、企業の実態を正しく反映するものに調整していく必要がある。代表的な調整項目は、簿外リース債務のオンバランスシート化などがある。関連する損益計算書項目やキャッシュフロー表についても必要に応じて調整していく。いわば、信用リスク分析アナリストの視点から財務諸表をとらえることである。同様のことを、株式アナリストも株分析の観点から行っている。つまり、分析のプロフェッショナルにとって、財務諸表はスタートポイントでしかない。有価証券報告書のディスクロジャーはかなり充実してきているのは事実であるが、セグメント情報など一部の開示はまだ改善の余地があると考えられている。信用リスク分析の質を高められる、さらなる開示情報の拡充を望みたい。

中小企業の情報開示

　株式を上場していない中小企業は、有価証券報告書を作成・提出する義務

図表 4-4 決算書の信用力を高めるための取組みを行っていない企業の割合

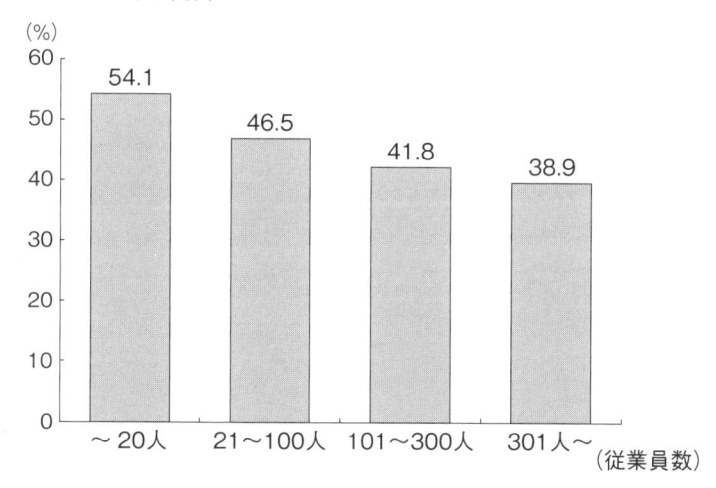

従業員数	割合(%)
～20人	54.1
21～100人	46.5
101～300人	41.8
301人～	38.9

（資料）　中小企業庁「会社処理・財務情報開示に関する中小企業経営者の意識アンケート」(2004年2月)

がない。したがって、「情報開示」は情報の一般公開ではなく、借入先の銀行等への提供を意味する。

　2004年の中小企業庁の調べでは、中小企業の約半数近くが金融機関に提供する財務情報の正確性・信憑性を担保・改善する努力を行っていない（図表4-4参照）。つまり、金融機関は中小企業の信用リスク分析を行うにあたって、必要十分な財務情報を入手できていない可能性がある。情報の非対称性が解消されなければ、安定的な資金調達・供給は妨げられることを借入企業も金融機関ももっと意識すべきである。なお、入手した財務情報は上場企業のもの同様、信用リスク分析に適した組替えや調整を可能な限り行うことが重要である。

証券化商品の情報開示

　証券化商品の信用リスク分析を行うには、裏付となるオリジネーター110

の資産に関連する情報が必要である。しかしながら、日本では裏付資産ポートフォリオの詳細情報が公開されるのはまれである。多くの場合、守秘義務契約を締結したうえで、証券化商品の購入者に対して選別的に開示する方法がとられている。本来、情報はすべて公開されることが望ましい。しかしながら、現実問題として開示がむずかしいものもある。たとえば、商業用不動産を裏付とした証券化案件では、入居テナントに関する情報（経営・財務状況等含む）や個別の支払賃料水準などは公開が困難であろう。

証券化商品の分野では、裏付となる資産の詳細情報が入手できなければ、格付会社は個別案件に対して格付を付与することはほぼ不可能である。伝統的な企業セクターに比べ、勝手格付[111]がきわめて少ない理由がここにある。

米国では証券化商品の情報開示がかなり進んでいる。裏付資産の詳しい属性だけでなく、証券化構造も開示されているため、分析手法を習得している者にとって分析がそれほど困難ではない。もちろん開示がむずかしい情報もあるが、米国では証券化商品の詳しい情報を各格付会社ともアクセスできる方向の提案がなされている。実現した場合、追加の格付意見が投資家の利益につながると判断すれば、各格付会社は勝手格付を付与できるようになる。

日本証券業協会のワーキンググループは、「開示情報」の推奨案を公表している。伝統的な証券化商品の開示については、分析上重要と思われるものも多く含まれているが、「十分」とまではいえない。また、情報の開示方法は情報ベンダー[112]を通してではなく、証券化商品を販売する証券会社から投資家への相対伝達を志向しているようである。日本市場の情報開示の課題は、まだ多く残されている。

---

110 証券化では本源的な資金調達者をオリジネーターと呼ぶ。裏付資産はもともとオリジネーターが所有する資産（債権）であり、その債務者をオブリガーと呼び、証券化商品の債務者であるSPVとは区別する。たとえば住宅ローンを証券化する場合、住宅ローンを融資したものはオリジネーターであり、住宅ローンを借りた個人はオブリガーである。

111 発行体の依頼に基づかない格付（第6章参照）。

112 いわゆる、ブルームバーグやクイックなど。

コラム11

プロとアマチュアとマスコミ情報

　たとえば、デリバティブ取引などで「ある銀行が大損した」などの情報がマスコミから流れる。「デリバティブ」という言葉に「本能的に」嫌悪感をもっている識者（たいていそのような識者はデリバティブについてよく知らず、伝統的な金融取引に詳しい場合が多い）から「デリバティブなどけしからん」という論調が出る。

　これは、当り前のことだが、だれかデリバティブで損が出ているのなら、どこかで同額の益（価値として）が出ている。益を享受している方は「プロ」の場合が多く、当然それについて口を閉ざす。つまり、マスコミで「○○銀行がデリバティブで大損したが、カウンターパーティーは、△△金融機関で大もうけした」という報道にはならない。

　一般的な傾向として、プロの投資家（サラリーマン投資家）は損をしたときは、不可避な理由があり、他者に責任があると声高に主張する。サラリーマンとして自己防衛の基本である。利益が出たときは、マネされないように口を閉ざす。

　つまり、プロは自身の取引や損益について基本的に情報を流さない。日本の場合は特に、金融取引には特許が成立しにくいのだからなおさらである。もし、情報をマスコミに流すとすれば、自分がすでに「仕込んだ」後であろう。マスコミに情報が流れた後、それに追随するセミプロの行動の反対売買をゆっくり行っていく。

　したがって、金融では、マスコミ情報は「古い情報」と認識しておかなければならない（必ずそうだといっているわけではない、基本姿勢のことである）。次に「ポジショントーク」に注意することだ。マスコミでしゃべる人間で「独立・中立」専門家がどれだけいるか疑問である。たとえ学者といえども、研究費や将来の名誉的地位など「ゆがむ」要素がある。ましてや、証券会社や銀行など金融関係の専門家などほぼ100％所属する金融機関から「給料」をもらっているため、絶対的な中立性を保つことは構造的にむずかしい。

　ちなみに、個人のようなアマチュアの場合、たとえば為替でもうけたときなど、友人におごったりして自己の優秀性を誇示したくなる誘惑に負けがちであるが、その人がその益を得るまでに相当損もしているのではないかと考

える者はひねくれ者であろうか。

　通常プロのバンカーは、自己が仕込んでいる取引がマスコミの記事になった場合、手仕舞いの時期を考え出す。アマチュアはマスコミの情報で取引を始める。

　そのようなプロが必死に脳髄を絞り、さらに多様な努力を重ねたとしても、51勝49敗で「よし」とするのがすべからく金融取引のリスクとリターンの関係であると思う。これが60勝40敗になると「大変なバンカー」で70勝30敗などになると「伝説」になる。

　プロとアマチュア的な関係がプロの集団である「金融機関内」で起きることがある。金融が日々変化していることから、バンカーはいつも勉強をしていないと、現場についていけなくなる。起こりがちなことは、現場のフロントは当該取引について十分理解しているが、その上司（上に行けば行くほど）が理解していないかできない場合がある。これはひとえにその上司の「怠慢」であるのだが、その上司が「マスコミ情報」に振り回され、現場が混乱することがある。つまり現場がプロでも、その上司はプロとは限らない。人事の問題なのだろうが、日系の金融機関によくみられる気がする。「よきにはからえ」というのはよいが、その意味は「責任は俺がもつ」という意味であって、失敗したとき「自分はよく知らされていなかった」と言い訳するネタではない。

第 3 節
定量的信用判断手法の基本的概要

定量的分析モデル利用の基本

　信用ビジネスでは、信用リスク分析担当者またはそれを専門とする信用アナリストの意見（信用評価）をビジネス判断に結び付ける必要がある。昨今、高度な数学的解析を利用した信用評価「モデル」が多数開発され、実用化されているものも多い。しかし、どのような「高度な定量的分析モデル」でも、人的な判断が内包されている。たとえば過去のデフォルトデータを使うのであれば、「過去は繰り返される」との判断がなされていることになる。またモデルで使われる変数や関数の設定も人的判断によることが多い。多くの場合、それらの数値を少し変更するだけでモデルの結果が大きく変動する。したがってたとえモデルを使用したとしても、信用評価の対象が「将来」である限り、「人的判断による定性分析」が伴う。

　本書は定量的分析モデルの説明書ではない。よって、定量的分析モデルの説明は「概要」にとどめる。定量的分析モデルは、あくまでも信用リスク分析上の道具であり、信用リスク分析担当者や格付アナリストが信用評価を下すために、または信用ビジネスを行うものが投融資判断をするために、参考・利用できる情報の一部を提供していることをあらためて指摘したい。

定量的分析モデルの紹介

　現在、多くのモデルが研究・開発され、実用化されている。これらは主に3つに分類できよう。①統計型アプローチ、②構造型アプローチ、③誘導型アプローチである。最近ではこれらのハイブリッド型も現れてきているようであるが、原型となるものを概説する。

〈統計型アプローチ〉

　統計型アプローチは財務データとデフォルトの相関性に着目したものが起源であり、直感的にわかりやすく、企業向けの信用リスク分析手法として利用されている。モデルの作成にあたり、デフォルトした企業に着目し、デフォルト・非デフォルト企業の財務データの両方を利用する。まず、対象となる母集団のなかでデフォルト・非デフォルト企業の財務数値を比較し、デフォルトに対して説明能力の高い変数等を選択するための分析を行う。それから、選択された有効な変数に統計的処理を施し、モデルを構築する方法が一般的である（ただし、説明変数を多くすれば精度があがるというわけでもなく、説明能力の高い変数のみを使えばよいというわけでもないなど、変数選択には注意が必要である）。統計型アプローチは「与信判断」すなわち「貸すか、貸さないか」の判断を提供するものから、デフォルトの相対的な程度を表現するものへと発展し、現在では、デフォルト率を直接アウトプットとして出すものも利用されている。

① デフォルト判別モデル

　エドワード・アルトマン（1968）が考案した「Ｚスコア」が有名である。このタイプのモデルは、財務諸表情報などから当該企業が一定期間内にデフォルトするかどうか判別するものである。インプットは主に財務データである。アウトプットはモデルごとに定義されたスコア（相対的な指数）である。一般的な利用方法は、一定レベルのスコア（判別基準）をクリアした債務者にしか融資を実行しない、いわゆる与信判断である。

② デフォルト率推計モデル

　信用ビジネスは、「貸すか、貸さないか」の判断を行い、基本的に「信用リスクをとらない」ビジネスモデルから、債務者は必ず「将来倒産する可能性」があり、それをいかにマネジメントするかを考えるビジネスモデルへと

発展してきた。そのようなビジネスモデルのニーズに応える目的で、相対的なスコアではなく、絶対的な数値としてデフォルト率を推計するモデルが開発されてきている。信用スプレッドも、絶対値で示される倒産の可能性についての意見の１つであるといえる。

ロジット・プロビットモデルやニューラルネットワークモデルは、代表的なデフォルト率推計モデルである。インプットする項目が上記のデフォルト判別モデルと同じであるが、アウトプットがデフォルト率であるということに特徴がある[113]。

このタイプのモデルでは、一般的に使用されるインプット情報は財務データである場合が多い。したがってデフォルト率推計モデルのアウトプット（デフォルト率）の正確性は、利用される財務データの信頼性に大きく依存している。

〈構造型アプローチ〉

構造型モデルはロバート・マートンの研究（1974）を起源とし、バランスシート（資産・負債構造）をモデル化したものである。基本的な考え方は、企業の資産価値が負債価値を下回るとデフォルトが発生するということである。マートンはその考えを、資産価値を原資産、負債価値をストライクとしたオプションとして定式化した。つまり、ストライク以下（資産価値＜負債価値の状態）をデフォルトとし、株式は資産に対するコールオプションの保有ととらえる。したがって、デフォルトしなければその差額（資産－負債）を受け取る権利を有するが、デフォルトした場合はモデル上価値がゼロとなる[114]。

---

[113] デフォルト率推計モデルで行うデータの統計処理に関して、ロジットモデルはロジスティック関数（シグモイド関数ともいう）を、プロビットモデルは正規分布関数を、ニューラルネットワークモデルはロジスティック関数を複層的に使うなど、非線形回帰式が利用されている。それに対して、デフォルト判別モデルでは主に線形回帰式が使われている。

第４章　信用判断手法　125

マートンの考え方では、資産価値の変動が重要なファクターとなる。しかし、資産価値をマーケットで観測することは困難なため、株価ボラティリティー（変動性）を資産価値のボラティリティーに（モデルに整合するように）置き換えている。つまり、当該企業のデフォルト率は現在の株価とその株価が内包するボラティリティーに大きく依存する。

　本来、企業の資産内容や負債構造は複雑であり、変化もしていくものであるが、マートンモデルではシンプルかつ厳しい前提条件（たとえば資産価値の変動性に株式の変動性を利用したり、負債はすべてゼロクーポン債として想定したり、配当・新規調達を行わないとするなど）を課すことによって対応している。そのわかりやすさと利用に耐えうる範囲内にある精度が評価され、現在も多くの関係者に利用されている（ただし、金利変動をモデルに組み入れたり、デフォルトの判定条件に柔軟性をもたせるなど、多くのチューニングは行われている。ちなみに、前章で言及したバーゼルⅡの非期待損失の計算にもこの考えが利用されている）。インプット項目は基本的に株主資産価値（株価・発行済株式数）、株価（収益率）ボラティリティー、負債元本、負債期間、無リスク金利の5種類で、アウトプットはデフォルト確率[115]である。

　このモデルの特徴は、過去のデフォルトデータを必要としないことである。逆に、制約条件として株式が上場されている必要がある。過去のデフォルトデータが少ない上場企業の期待デフォルト率の推定に利用できる。

---

[114] 見方を変え債権者の立場からみれば、債権は資産に対するプットオプションの売却ととらえることができる。すなわちデフォルトしなければ（満期に）債権元本を受け取るだけであり、デフォルトした場合、債権を手放し、資産を受け取る（この場合資産の価値が回収額となる）。オプションの基本的な関係式（ブラックアンドショールズ）で考えると資産価値のボラティリティーが高い場合、株主にとってフェイバーとなり、債権者にとってはアンフェイバーとなる。逆にボラティリティーが低いと、その逆になることは興味深い。

[115] 構造型・誘導型モデルとも利用する市場価格を「効率的」なものととらえ、そのまま使用する場合もあれば、定性的解釈を加えて利用することもある。

〈誘導型アプローチ〉

　上記の統計型アプローチにしても構造型アプローチにしても、分析対象となる企業の財務データがモデルの説明変数の根幹をなし、企業は時間の経過とともに徐々にデフォルトへ向かう（財務諸表が徐々に変化していく）ことを仮定している。一方、誘導型モデルは現在の財務データにとらわれず、企業のデフォルトは突然発生する（あるいはランダムに発生する）と仮定し、デフォルト時刻を外生的要因から計測することに特徴がある。このタイプのモデルは生存解析、あるいはハザード解析のうえに成り立っており、デフォルト強度（あるいはハザードレート[116]）モデルとも呼ばれる。

　デフォルト強度（ハザードレート）モデルのデザインの方法（選択される外性的要因とその処理方法）はさまざまであるが、外生変数が債券・CDSのスプレッドや格付推移行列であることが多い。アウトプットとしてはデフォルト率である。こちらもデフォルトデータが少ない上場企業の信用リスク分析に利用され、クレジットデリバティブのプライシングにもよく使われている。

　ちなみに、上場企業のデフォルト件数は将来にわたり少ないと予想されるため、構造型・誘導型とも上場企業に利用する場合、モデルの正確性・有効性の検証は困難と思われる。

信用リスク分析モデルに対する留意点

　あらゆるモデルには前提条件があり、それらの前提を理解しておくことはきわめて重要である。ポイントとしては次のような点である。

・使用するデータ（たとえば財務数値）の正確性や信頼性に問題はない

---

[116] ハザードレートとはその寸前までは生存していた対象個体が次の瞬間に生存しなくなる、いわば瞬間デフォルト率のことである。ある時点まで生存し続ける「生存関数」と表裏をなすものである。単純な関係は1からハザード関数を積分したものを引くと生存関数となる。

か[117]。
・最新のデフォルト事例に応じて、モデルの有効性は適宜に見直されているか。
・モデルで使用される市場価格（株価やCDSスプレッドなど）は、信用リスク分析目的での使用にも耐えうる合理性をもっているかどうか（市場の効率性は十分か[118]）。
・パラメータ（独立変数）の設定は妥当か（パラメータとは、たとえば、判別モデルであれば、デフォルト・非デフォルトを決定する閾値（デフォルト条件）のことであり、構造型モデルであれば、負債元本や株価収益率の計測期間など、モデルを動かすうえであらかじめ与えておかなくてはならない定数を指す[119]）。

　前提条件の設定が妥当かどうか、定量的に判断することが困難な場合もある。モデルを過信するあまり、モデルが内包するこうした不完全さや不確実性を理解しないまま使用することは、大きなリスクを伴う。

妥当なモデル使用法

　筆者は数値計量モデルを否定するつもりはない。数値計量モデルは信用リスク分析の道具の1つである。モデルが下す結論は最終的な信用評価になる必要はない。むしろ、そこから本当の信用リスク分析が始まることもある。信用リスク分析担当者や信用アナリストは、定量的情報・定性的情報の両者を検討し、最終的に信用評価を行わなければならない。しかし、それでは評価が属人的な能力に大きく依存したり、効率性が低かったりする場合もあ

117　統計型アプローチに限っていえば、標本選択の問題（すなわち、対象とする企業の数・内容（規模や業種など）やその計測期間など統一された基準を満たしているか）や選択された変数の妥当性なども吟味されるべきである。
118　効率的市場では、価格は同様の情報を過不足なく同時に取得した多様・多数の参加者による取引で決定される。各種の市場理論の土台となっている仮説である。しかし、実際の市場でそのような状況が持続して維持されることは考えにくい。
119　単純にいえば、一次式 $y = ax + b$ をモデルとみなせば、xはインプットデータ、yはアウトプットであり、定数a、bがパラメータということになる。

る。そこで、信用評価を効率的に行う手法として「スコアリングシステム」を紹介しよう。

〈スコアリングシステム〉

定量的分析モデルで紹介した統計型アプローチの判別モデルの入力項目を拡張して、財務諸表やマーケットデータなどの数値だけでなく、「経営者の能力」や「支払意欲」などデフォルト要因として重要な定性的要素も（人的判断で評価し）モデルの入力項目に取り入れる。このように、定性的要素も取り込んだものを「スコアリングシステム」と呼ぶこととする。

① スコアリングシステムは、債務者の信用リスクを相対的にとらえる。インプットされる主な情報は、債務者および個別債権の属性など、信用リスク分析に有用と考えられる定量的情報と定性的意見である。システムからのアウトプットは、評点である場合もあれば、指数化されているケースもある。またその評価を社内・行内格付に置き換えて利用することも可能である。つまりインプット項目やアウトプット評価に対して、一定の人的判断や柔軟性を加えることができるよう維持されているシステムである。

② スコアリングシステムのアウトプットを相対的な評価からデフォルト率に変換することができる。相対的な評価から絶対値である期待デフォルト率への変換は、過去のデフォルトデータおよび当該システムの一定期間の運用実績が必要である。つまり、債務者の過去のデフォルト統計を使って、スコアリングシステムの評価別のデフォルト率を推測することである。いうまでもなく、こうして推測されるデフォルト率の正確性は、ベースとなるスコアリングシステムのパフォーマンスの影響を受ける。また、デフォルト統計の信頼性にも依存している。

スコアリングシステムは評価できる面が多い。手法としては非常に柔軟であり、信用リスク分析に定性的要因を内包できるからである。ただし、いくつかの留意点を指摘しておく。

　1　債務者の分類に多くの注意を払う必要性がある。たとえば、通常同業

種に分類される企業でも、実際の事業内容に大きな差が存在する場合がある。事業特性やリスクプロファイルが違えば、信用リスク分析に使用されるスコアリング項目およびそのウェイトづけも変える必要があるかもしれない。そうしないと適切な信用評価を下せない。
2　可能なら、財務諸表を信用リスク分析の視点から組み替える。さらに、将来（3年程度）の予想財務数字を評価対象とすることも重要である。
3　債務者を流動性やリファイナンス能力の観点から分析することも忘れてはならない。
4　経営者の質および債務支払意欲も評価に反映されなければならない。
5　経済・業界環境が急激かつ構造的に変化する兆しがある場合、状況を速やかに探知し（早期警告システム）、重点評価項目やそのウェイトづけを見直す体制を構築しなければならない。
6　最新のデフォルト事例や大きな信用力の変化を分析し、随時モデルの有効性が見直されなければならない。

第 4 節
ポートフォリオ信用リスク分析の主な手法

ポートフォリオと期待デフォルト率

　前節で説明した分析手法は、債権・債務者ごとの信用リスクを対象にしている[120]。また、将来を予測するため、分析手法から導かれた期待デフォルト率はあくまでも「期待値」でしかない。つまり、ある債権を一定期間保有しても、必ず推計されたとおりの期待デフォルト率が発生するわけではない。たとえ保有している複数の債権の期待デフォルト率が同じでも、実際のデフォルト実績にバラツキが出る可能性が高い。ただし、多数（たとえば何万件以上）の債権を長期間所有すると、ポートフォリオ全体の実績デフォルト率（デフォルト件数／投資・融資件数）は、期待デフォルト率から一定のレベル内に収斂されていく可能性が高まる（これを「大数の法則」という）。信用リスク分析が適切であれば、という条件付きではあるが……。

ポートフォリオと信用スプレッド

　金融機関や機関投資家は信用商品を多数所有しており、ポートフォリオレベルで期待デフォルト率と信用損失を管理することができる。つまり、ポートフォリオ全体の信用リスクをポートフォリオ全体から得られる信用スプレッドでカバーできれば、ビジネスとして成り立つ。たとえば、同じ社内・行内格付が付与された満期3年の債権を仮に1万件所有したとしよう。期待デフォルト率は3％とする（これは単純に考えると、1万件×3％＝300件のデ

---

[120] 投資資産が1件しかない場合、投資家にとってその信用商品がデフォルトするかどうかがすべてである。したがって、いかにデフォルトしない信用商品を選ぶかが重要である。

フォルトが3年の間に起きることになる)。この場合、投資家・銀行が収益をあげるためには、年1％超の信用スプレッドを確保すればよい[121]。

ポートフォリオ信用リスク分析手法

　債権者は信用リスクを債権ごとに認識するとともに、ポートフォリオレベルでも把握する必要がある。期待損失率はもちろんのこと、想定しないストレスが発生した場合のポートフォリオの信用損失（ストレス損失）の程度も分析すべきである。バーゼルについて記述したセクションにあるとおり、このストレス損失分析の重要性はきわめて高い。適切な分析に基づく備えを怠れば、ストレス損失の発生は最悪の場合、銀行や投資家の破綻を招く。ポートフォリオレベルの信用リスクを評価する主な方法は、シングルローンアプローチとローンバイローンアプローチの2つのタイプがある。こうしたアプローチを指す普遍的な名称・用語が市場で定着しているわけではないため、筆者の造語と考えてもらってよい。

　シングルローンアプローチは、個別の債権の期待デフォルト率・損失率を利用しない。社内・行内格付などによって同じ等級・属性に分類された債権の集合体を単位に、期待デフォルト率・損失率を予測する（図表4-5参照）。つまり、ポートフォリオをあたかも「1本の債権」のように扱う。このアプローチは基本的に自身のポートフォリオのパフォーマンスデータを利用するが、類似ポートフォリオ[122]のパフォーマンスデータが示す損失変動性・要因を解析して、3年程度の期待デフォルト率・損失率を推計する。ストレス損失の計量に関しては、信用分析者が想定するストレスシナリオをもとに行うことが多い。

　ローンバイローンアプローチは債権ごとの期待デフォルト率・損失率を推

---

[121] ここでは回収率や税金などを考慮していない。回収率を考慮すれば、必要最低信用スプレッドはさらに下がる。税金を考慮に入れると、必要最低信用スプレッドは高くなる。
[122] 自社のもつ統計は有効な情報ではあるが、業界全体でのデフォルト状況や他業界でも債務者像が類似する他社のデータも比較・参考にするとよい。

図表4-5　シングルローンアプローチ

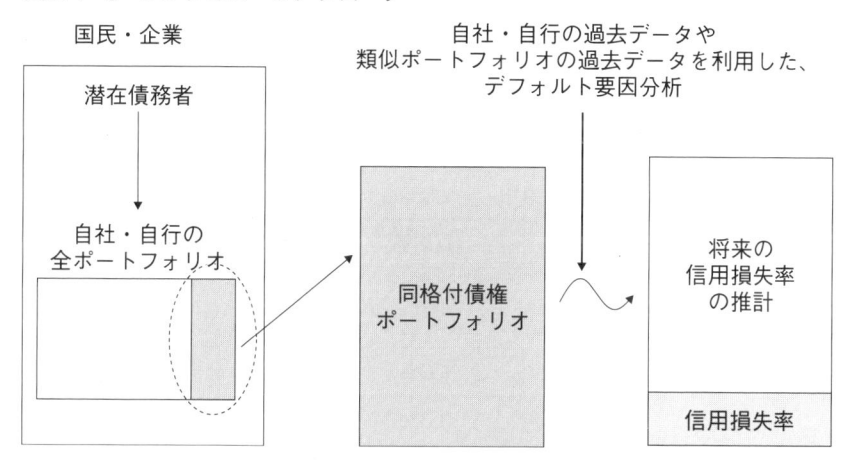

計し、その数値をベースにポートフォリオ全体のデフォルト率・損失率を計量する（図表4-6参照）。ポートフォリオを構成する対象債権数や過去のデフォルト件数が少ない場合（たとえば大企業向け債権）、あるいはシングルローンアプローチでは分析の有効性が期待できないときに利用される。

将来のポートフォリオ全体のデフォルト率・損失率の推計は、解析的手法やモンテカルロ法[123]などによって行われる。解析的手法では損失分布を特定（たとえば対数正規分布、2項分布など）する必要があり、ポートフォリオの属性によって適切なものが選択されるべきである。一般的な問題点として、デフォルト特性、債権金額、業種などが均一とはみなせないポートフォリオに対して解析的手法を用いる場合、相関や集中リスクなどポートフォリオの特性が反映されるような工夫が必要である。

---

[123] モンテカルロ法とは、乱数を利用して、数値計算やシミュレーションを行うための手法である。損失分布の推計には、デフォルト時刻をシミュレーションする場合やある期間内のデフォルトの発生をシミュレーションする場合などがある。いずれにしても、ポートフォリオの損失分布を計算することができれば、期待損失率とストレス損失率は損失分布から計算される。ちなみに、フーリエ・逆フーリエ変換手法を利用すれば、モンテカルロ法と同じ設定で解析的に計算できる場合もある。

第4章　信用判断手法　133

図表 4-6　ローンバイローンアプローチ（モンテカルロシミュレーション）

ポートフォリオの個別債券・債務者のデフォルト率を推計する。各債権がデフォルトするかしないか「乱数」と「ハザードレート」をもとに何万回とシミュレーションを行うことで、損失分布を作成する。

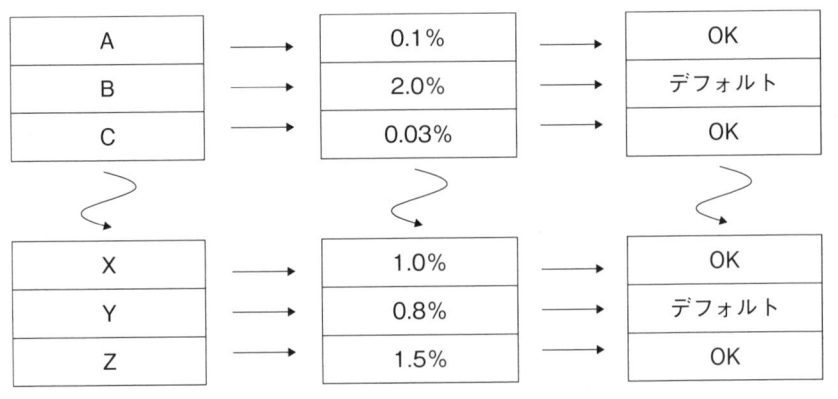

A →	0.1% →	OK
B →	2.0% →	デフォルト
C →	0.03% →	OK

X →	1.0% →	OK
Y →	0.8% →	デフォルト
Z →	1.5% →	OK

　一方モンテカルロ法の利点はこの損失分布の設定を必要としないことであり、コピュラ関数[124]などを利用することによって債権間の相関も容易に取り込むことができるなど、ポートフォリオの特性を反映しやすい柔軟な手法であるといえる。その半面、計算に要する時間が長いことが難点である。ローンバイローンアプローチに必要なデータは各債権の情報や債権間の相関などであり、各債権のデフォルト率・損失率や債権間の相関を変化させることによってストレス損失の計量を容易に行うことができる。モンテカルロ法はローンバイローンアプローチに適しているといえるかもしれない。

　モデル利用時の留意点はすでに指摘したが、ポートフォリオのリスクを計測するモデルの場合、さらに追加注意点がある。

・債権間のデフォルトの相関などのポートフォリオ特有のパラメータの妥当性
・各債権のデフォルトのタイミング

---

[124] 相関のある乱数を発生させる場合、コピュラ関数を用いる方法がデファクトスタンダードになってきているようである。

相関数値などパラメータの設定によっては、ポートフォリオの信用リスクの計量結果が大幅に変動する可能性がある。相関については相関行列を用いる場合もあれば、ファクターモデルを用いる場合もある。相関行列は債務者ごとのデフォルトの相関関係を直接設定できるが、債務者が増加するに従い、その相関係数の決定が事実上困難となり、計算負荷も増大する。そこで債務者間の相関係数を直接設定するのではなく、主な事業の帰属する国や業種などのファクターを間に挟むことでその代替とする。一般的に1ファクター、2ファクターと呼ばれるものである。1ファクターは1種類の相関係数を使うものである。各債権間に一定の相関係数を使用する。2ファクターは2種類の相関係数を使用する。1ファクターで使われる相関係数に、さらにもう一種類の相関係数を複層的に追加する。一般的に1ファクターの相関係数はマクロ相関と呼ばれ、すべての債権に影響する。2ファクターの2つ目の相関係数は、一般的に業種に関係する相関をとらえるものが多い。ストレス損失の計量は相関係数を上げることで行うことができる。

　またデフォルトのタイミングについてさまざまな手法が考えられるが、たとえば、ノックアウト[125]構造型モデルのように資産価値が負債価値を下回った時点をデフォルト時刻としてとらえることもできるし、期待デフォルト率の期間構造からデフォルト強度モデルの生存関数を用いてデフォルト時刻を定義することもできる。また、直接デフォルト時刻をシミュレートするわけではないが、1年単位など単位期間ごとにデフォルト・非デフォルトをシミュレーションする多期間モデルもデフォルトタイミングを考慮に入れたモデルといえるであろう。

　いずれにしても実際のデフォルトには時期と業種の集中があるため、ストレス損失の計量にあたり、モデルがこうした状況に対応できるよう工夫する必要がある。単純な方法は早くデフォルトが発生するように設定することで

---

[125] ノックアウトオプションの考え方と同じである。契約期間の間にストライクプライスが1回でもヒットすればその時点でオプションの行使ができるものである。つまり、いったんデフォルトすることにより発生した債権の損失は「復活」しないと考える。

ある[126]。

　シングルローンアプローチでもローンバイローンアプローチでも、正確にポートフォリオ全体のリスクを評価するには、個別債権に対する適切な信用リスク分析が重要である。ローンバイローンアプローチは説明するまでもないが、シングルローンアプローチにおいても債権が適切に各（社内・行内）格付等級に分類されていることが、ポートフォリオレベルのリスク評価の信憑性を大きく左右する。

---

[126] デフォルト率の期間構造を用いる場合には、デフォルト率を全体的に上昇させると実質的にデフォルトのタイミングが早く起きる想定となる。

第 5 章

信用リスク分析の基礎

はじめに

　この章は、本シリーズの続刊で説明する『事業会社の信用リスク分析（仮）』『証券化商品の信用リスク分析（仮）』の基礎部分のダイジェストとなっている。詳しくは各書を参照されたい。なお、各節で言及している『ポートフォリオ』の分析については、『証券化商品の信用リスク分析（仮）』を参照されたい。

　また、ハイブリッド信用商品の位置づけについても若干の説明を加える。詳しくは、同様に『ハイブリッド信用商品の信用リスク分析（仮）』を参照されたい。

第 1 節
信用リスク分析の方法論と心がけ

信用リスク分析の目的

信用リスク分析の主な目的は、最終的に次の数値を推計することである。
- 個別の債権の期待デフォルト率・損失率
- ポートフォリオ全体の期待デフォルト率・損失率
- ストレス時の損失率

信用リスクを表す

信用リスク分析の結果を表す方法は、2 通りある。
- デフォルト率・損失率を直接求める
- デフォルト率・損失率を指数化・記号化する

絶対的数値であるデフォルト率・損失率を求めることができれば、理想的である。しかし、このような数値を直接求める試みはいまだに多くの問題点を抱えている。デフォルト率・損失率を相対的な序列で示すのが指数化・記号化である。それぞれの指数や記号がどの程度のデフォルト率を表しているのかを理解するには、過去データからその答えを求める必要がある。現在のところ、両方の方法とも完全ではない。

信用リスク分析の心がけ

信用リスク分析を行うにあたり、次のことを常に心がけることが重要である。
- 基本的な信用リスク分析手法をマスターする
- 定性分析・議論をしっかり行う
- 債務者とのコミュニケーションを重視する

- 情報の収集・吟味を怠らない
- 第三者の意見にも注意を払う
- 定量アプローチには限界があることを忘れてはならない
- 数値化モデルを使用する場合、定期的に新しい情報を追加してモデルや前提条件の有効性を検討する
- 可能な限り、複数の手法を採用して結果を比較検討する
- 疑いがあるときは保守的な考え方をとる

支 払 能 力

　一般的に信用リスク分析は、債務者の将来にわたる支払能力を測定することに重きが置かれる。支払を実行するにはその能力がなければ不可能であるため、信用リスクは支払能力でほぼ決まるといっても過言ではない。また、支払能力には量的な側面と質的な側面とがある。前者は債務に対してどれぐらいの返済原資を確保できるかに、また後者は返済原資の確保にどの程度の安定性（予測可能性）が見込まれるかに重点が置かれる。自動車メーカーは、返済原資の生成能力に関しては電力会社に比べて量的に勝るかもしれないが、安定性の面では劣る。債権者の立場をとる信用リスク分析では、安定性にも大きな注意を払うべきである。なぜなら、返済原資を量的に生成する潜在力が高くても、その能力が環境変化により発揮できない可能性があれば、債務が返済される確実性が低くなるからである。

　財務分析は支払能力を測定する起点にすぎない。数字でとらえることのできない定性要因が、時として信用力を決定する最も重要な要因になることもある。財務分析とその意義を説明している書籍が多数あるので、それらも参考にしていただきたい。

支 払 意 欲

　将来の債務履行の確実性を測定する場合、支払能力のほかに支払意欲が問題となる。債務者に支払能力があっても、支払意欲がなければ債務は返済さ

れない。法的な効力のある債務契約が存在したとしても、債務者の支払意欲が低ければ、デフォルトを防ぐことはできない。支払意欲の欠如を示す有名な例としては、米国の主要航空会社である US Air がコスト的に不利な航空機リース契約を破棄するために、米国連邦倒産法11章（Chapter 11）を利用したケースがある。また、世界各国の地方公共団体が発行した債権のデフォルトの多くは、債務の返済が各団体の全資金使途のなかで占める優先順位が高くなかったことが最大の理由である。さらに、最近日本市場で起きたデフォルトの一部は予期せぬ資金調達環境の変化に対する備えが十分でなかったことが主因であるが、発行体の債務返済に対する意識が強ければそのような事態に陥ることを回避できたと思われるケースもある。

　債務者の支払意欲は、信用リスク分析上、大変重要な概念である。支払意欲の強い個人債務者は、一般的に債務返済を確実に行うために自分の生活パターンを熟慮する。想定以上の収入がある場合には期限前返済を考え、不測の状況に備える貯金を増やそうとするであろう。企業においても、支払意欲の高い経営陣は自社の返済能力を十分考慮したうえで事業計画を立て、キャッシュフローが潤沢なときには、可能な限り債務の早期返済を実施するか、将来の財務リスクに備えるために留保を行うことを考えるであろう。個人も企業もそうであるが、キャッシュフロー生成能力が同じでもその使用方法・目的が異なれば、債務者の負債返済能力に差が出るのは当然である。

　個人であればライフスタイルを、企業であれば経営戦略を決めるときに、債権者の利益がどの程度意識されているかをできるだけ把握することは、債務者の支払意欲の分析にきわめて重要である。しかし、債務者の意識や優先順位は環境とともに変化する可能性があるため、常にモニターが必要である。また、債務を履行しなかったときに被る不利益を債務者がどの程度認知しているのかを知るのも大切である。債務者が不利益の大きさを認識するほど、債務の履行について真剣に考える。支払意欲の分析は、債務者の意識や行動原理を予測するきわめて定性的なものであり、当然不確実性は高く状況も変わりやすい。

信用リスク分析の2つの軸

　以上説明したように、信用リスク分析を行う際には支払能力と支払意欲という2つの軸で議論する必要がある。たとえば、A社とB社の支払能力が現在、同等であったとしても、A社の支払意欲が大きく、B社のそれは小さいとしたならば、将来の支払能力はA社が大きくなり、差がつくことになる（図表5-1参照）。このことは、ストラクチャードファイナンスに関しても同様である。たとえば証券化商品の裏付資産の将来パフォーマンスが同じでも（支払能力が同じでも）回収資金の支払方法（支払意欲）が違えば（たとえば、シークエンシャルペイメント[127]かプロラタペイメントかの元本支払構造）将来の信用力に違いが生じてくる。債務者に対して第三者が信用補完を提供する場合も同様に、サポートする側の支払能力と支払意欲の両方に分析の目を向ける必要がある。

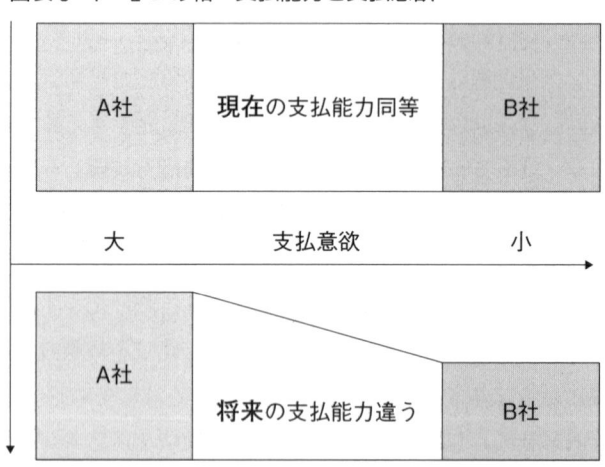

図表5-1　2つの軸・支払能力と支払意欲

---

[127] 元本支払構造（ペイメントストラクチャー）の分類で、シークエンシャルペイメントは裏付資産の元本回収金をすべて優先債券の支払に充て、プロラタペイメントは当初の優先・劣後割合で元本支払を行う。したがってシークエンシャルペイメントは期間の経過とともに劣後割合が上昇し、結果として信用補完が強まる。

第 2 節
一般事業会社（大企業）の信用リスク分析の基礎

信用リスク分析に対する基本的な心構え

　信用リスク分析は、企業の将来のキャッシュフロー生成能力を支える事業ポートフォリオの競争力、変化する環境に応じてその競争力を十分に発揮できる事業計画の策定実行能力、事業の遂行やタイムリーな債務履行を可能にする財務戦略の存在に対する議論が中心となる。こうした分析から、将来発生しうる事業リスクとそれを支える財務クッションのバランスを評価して、信用リスクを測定する。債務者の支払意欲や第三者（グループ企業やメインバンク等）からの信用補完に対する判断も加え、債権者が最終的に負う信用リスクを評価する。方法論はそれほど複雑ではないが、分析の有効性を高めるためには実際にそれを行うアナリストの理解力と心構えが大切である。信用リスク分析の精度を低下させないために、いくつかの本質的な「概念」に注意を払っていただきたい。

〈リスク要因がどのような影響を与えるのか、まで踏み込む〉

　企業が直面するリスク要因を羅列するだけでは、信用リスク分析は完了しない。そうしたリスク要因が「具体的に企業の信用力にどのような影響を与えるのか」という判断にまで踏み込まなければ、分析の成果を出したとはいえない。

　ある航空会社の航空機の平均寿命が競合他社に比べて長いからリスク要因であるという分析に対して、だれも否定しないであろう。しかし、それが航空会社の事業や信用力にどう影響を与えるのか、具体的な見解を打ち出さなければ付加価値のある分析とはいえない。安全面に対する評判が下がるから

売上げが減少するのか、燃料費や整備コストが高いからコスト競争力が低いのか、それぞれの理由によって信用力に対する影響度が異なる可能性がある。

すべてのリスク要因は、信用力に対する影響まで掘り下げて分析することが重要である。曖昧なリスク認識は、信用リスク分析の精度を下げるだけでなく、将来のクレジットモニタリングをもむずかしくする。

〈とらえるべきリスクを正しく認識する〉

信用リスク分析がとらえるべき「リスク」についても、正しく認識すべきである。原材料の上昇や需要の低下など、企業の経済活動は常にさまざまなリスクに直面している。しかしながら、どの企業もこうしたリスク要因の発生に対して防衛策を講じる。原材料の上昇はコスト削減努力と顧客への価格移転によって、需要の低下は新商品・サービスの導入や新規販売チャンネルの開拓などによって、企業は影響を最小限に抑えようとするであろう。それでもこうした経営努力で回避できないリスクこそが、企業および債権者が負う本質的なリスクである。信用リスク分析においては、リスクの発生をそのまま認識するのではなく、「経営陣が対応しきれないと思われるリスクのみを信用評価に織り込む」努力をするべきである。アナリストは企業の環境適応力を的確に把握できなければ、信用リスクの量を適切に測ることはできない。当然、信用リスク分析の精度も上がらない。

〈客観的な自己点検を行う〉

信用リスク分析にあたり、できるだけ「客観的な自己点検」を行うべきである。そこで「一人クレジット審査委員会」なるコンセプトを紹介したい。分析担当者は自分の意見を形成する過程において、他人と議論する機会がそれほどあるわけではない。分析に自信があっても、それは自分が組み立てた理論の枠組み内でのみ有効であるかもしれない。そのようなリスクを軽減するために、実際のクレジット審査委員会に出席したと仮定して、自分の分析・評価に対するあらゆる反論を頭のなかで考えるエクササイズをする。反

対意見が自分にとって納得できるものかどうかは重要ではない。ここで大切なのは、提起された懸念に対して、自分は説得力のある回答ができるかどうかである。

たとえば、ある大手小売業者がプライベートブランド商品を大幅に増やす計画を発表し、自分はその効果で全体の収益率が上昇するという見解に達したとする。それに対して、債務者の新商品開発能力がナショナルブランドメーカーに劣るため収益の持続改善は見込めない、売場全体のイメージ・魅力が低下するため収益率はむしろ悪化するなど、第三者が指摘しうる懸念を頭のなかに描いて理論的な反論を試みる。さらに、相手が自分の反論に示すであろう次のリアクション・疑問点も予測して、質の高い理論武装を確立していく。このようなプロセスを通して、分析担当者は異なる角度から自分の見解をチェックでき、分析力を磨き上げていくことになる。

〈連結会計に縛られない〉

債務者の信用リスクを正しく評価するためには、「連結会計に縛られることなく、企業にリスクを及ぼす範囲のすべてを分析対象にするべき」である。多くの場合において、連結会計の範囲内で適切な信用評価を下すことはできる。しかし、それでは分析対象企業のリスク要因をとらえきれないケースもある。たとえば、日本の自動車メーカーの競争力の源泉の1つは系列部品メーカーの強さにある、と多くの人が認知している。連結対象であるかどうかにかかわらず、系列の主要部品メーカーのコスト競争力や財務健全性に対する分析なくして、自動車メーカーの信用力を適切に評価できないのは明らかである。運命共同体の関係にある部品メーカーを分析上連結対象とみなし、信用評価を行うことも当然ありうる。

また、対象企業に法的な義務がなくても道義的な責任からリスク負担が生じる場合、信用リスク分析の対象範囲に加えるべきである。例として、対象企業が深く関与するプロジェクトや特別目的会社[128]がノンリコースベースで銀行から借りるローン（親会社やスポンサー企業に対して法的な請求権の

ないローン）が考えられる。特にメインバンクが債権者である場合、銀行との関係を重視する日本企業は、ノンリコースローンに問題が生じても、われ関せずという立場をドライに貫くことを選択するであろうか？　信用リスク分析において、連結範囲外にもリスク要因が存在することを意識することが重要である。

〈財務分析の本質的な役割を知る〉

　財務データの分析は、「数字の裏に隠されている企業の競争力の源泉やリスク要因を探る」ところにその本当の価値がある。そこから企業の将来がみえるからである。信用リスク分析は企業がタイムリーに債務を返済できる能力を評価することが目的であるため、対象の時間軸は将来である。多くのアナリストは、分析対象企業の財務数字を予想するとき、過去の経験値から大きく乖離することを躊躇する。

　たとえば、製品価格の下落幅が最悪期に10％であったとすると、ストレスシナリオにおけるプロジェクションでも、30％以上の悪化率を想定することはむずかしい。多くの場合、過去の数字に影響を与えたリスク要因がしっかり分析されていないため、予想される新しい環境下で大胆にそれを適用することができないからである。過去の経験値から出発する予想は一定の納得性が得られるため、アナリストにとって魅力的でリスクの低いオプションである。しかし、それでは業界環境が構造的に変化するときに、リスク要因がもたらす影響を正しく予想することができず、信用力の低下を読み切れない場合がある。逆に、業界環境が構造的に改善するときには、信用力の上昇を早期に発見することができない。アナリストは過去の数字のもつ本質的な意味を理解しない限り、質の高い企業将来像（クレジットストーリー）を描くことができない。また、信用力の変化を探知する力も向上しない。

128　SPV（Special Purpose Vehicle）あるいはSPC（Special Purpose Company）と呼ばれることもある。

〈事業分野ごとの分析を心がける〉

　複数の事業分野で経済活動をしている企業の信用評価を正確に行うためには、「セクターそれぞれに対して分析を試みる努力」が必要である。

　たとえば、日本の化学会社の一部は、化学品と医薬品の両方を主要ビジネスとしている。それぞれの事業分野が直面している事業リスクはもちろんのこと、あるべき財務プロファイルも異なる。このような事業ポートフォリオをもつ企業を、1つのオペレーションとして分析するのは明らかに適切ではない。情報が許す限り、分野ごとの信用リスク分析と比較評価をまず試みる。そうした後に、事業間の補完や相関を考慮し、全社ベースの信用評価を組み立てるべきである。また、将来のプロジェクションについても、同じコンセプトで行うことが望ましい。このような努力を怠ると、分析対象企業の事業リスクと財務クッションの関係を正しく判断できないだけでなく、適切な比較分析も行うことができない。化学会社の名前がついているという理由だけで、比較対象を化学品専業メーカーも多く含む化学業界に限定すると、信用リスクが過大・過小評価される危険性がきわめて高い。

〈数字のもつ意味は環境によって異なることを理解する〉

　分析対象企業を世界各地の競合相手と比較するのは有意義な分析コンセプトではあるが、評価方法には注意を払う必要がある。同等レベルの財務・事業指標をもっていても、企業が経済活動している国の環境が違えば、その信用評価に差が生じる可能性がある。

　たとえば、日本と米国にある2つの食品会社がともに有利子負債比率が70％であっても、企業に資金を提供する銀行・投資家の有利子負債比率に対する許容度が日米で異なることをとらえ、日本にある食品会社により高い信用評価を下すことができる。70％の有利子負債比率では、米国の銀行・投資家はリファイナンスや追加資金に対する要請を熟慮するが、日本の金融機関（特にメインバンク）はまったく問題視しない可能性もある。同じ有利子負債

比率でも確保できる財務柔軟性に違いがあるため、信用評価に差がつく可能性がある。また、両食品会社の営業利益率がともに5％程度であっても、それぞれが示唆するものは市場環境によってかなり異なる。米国では競争力の弱さからくる低収益率として認識されるかもしれないが、日本では優れた競争優位性がもたらした高収益性として評価される可能性がある。財務・事業指標は市場環境によってその意味が大きく違うこともあることを理解したうえで比較分析を行わなければ、信用評価を誤ることになる。

〈先入観・固定概念を排除する〉

先入観や固定概念をできるだけ排除して、分析の柔軟性をもつことが信用評価の質を高めることにつながる。上場会社は事業規模で劣る中小企業より常に信用力が高いのだろうか？ 完成品メーカーの信用リスクは常に部品メーカーより低いのだろうか？ 子会社の信用評価は常に親会社を超えられないのであろうか？ こうした質問に対する答えは、多くの場合イエスである。しかしながら、過去の経験則や分析結果から導き出された知見は、常に正しいとは限らない。

たとえば、消費者の嗜好を追う必要のない一部の部品はプロダクトサイクルが長く、完成品に比べて投下資本を回収できる確実性が高いことは十分に考えられる。ただし、このような評価を下すことは、一般的に想定される結論と異なるため、分析担当者の柔軟性と分析に対する自信が必要とされる。独自のビジネスモデルで事業を行う企業に対して、伝統的な分析手法・方法から離れなければ適切な信用評価ができない場合も、アナリストの柔軟性と既成概念から乖離する勇気が試される。

企業信用リスク分析のフレームワーク

債務の返済は、基本的に企業の経済活動によって生成されたキャッシュフローを用いて行われる。信用リスク分析は、キャッシュフローを生成する源泉である企業のファンダメンタルズ（強み・弱み）を探ることから始まる。

次に、将来の事業環境の変化が企業のファンダメンタルズに与える影響を考える。すなわち、企業のキャッシュフロー生成に影響を与えるリスク要因を予測することである。そして、リスク要因の発生に対する経営陣の対応能力を分析する。リスク要因は通常複数以上存在し、かつ複雑に相互作用しているため、これらが全体として企業のオペレーションにもたらす影響を判断する必要がある。この企業の信用力の将来像＝クレジットストーリーを描くプロセスが信用リスク分析の最大の付加価値である。

さらに、こうした定性的な分析で形成された意見を、ある特定の前提条件に基づく将来予想（プロジェクション）として定量的な数字に落とし込み、経営・財務指標分析、センシティビティー・アナリシス、ストレステストを行い、企業固有の債務返済能力を評価する。最後に信用判断に影響を与えうるその他の要因（第三者からの支援の可能性など）を考慮し、最終的な信用評価を決定する。図表5-2は、こうした信用リスク分析のフレームワークをまとめたものである。

図表5-2　企業信用リスク分析のフレームワーク

```
┌─────────────────────────────────────────┐
│   企業のファンダメンタルズを形成する要因の分析   │
└─────────────────────────────────────────┘
                    ▼
┌─────────────────────────────────────────┐
│    経営陣の環境・競争・リスク対応力の分析      │
└─────────────────────────────────────────┘
                    ▼
┌─────────────────────────────────────────┐
│         クレジットストーリーの構築           │
└─────────────────────────────────────────┘
                    ▼
┌─────────────────────────────────────────┐
│  企業の将来像の定量化(プロジェクションの作成)  │
└─────────────────────────────────────────┘
                    ▼
┌─────────────────────────────────────────┐
│ 定量分析(センシティビティー・アナリシス、ストレステストの実施) │
└─────────────────────────────────────────┘
                    ▼
┌─────────────────────────────────────────┐
│  その他信用評価に影響を与えうる要因（信用補完等） │
└─────────────────────────────────────────┘
                    ▼
┌─────────────────────────────────────────┐
│             最終的な信用評価              │
└─────────────────────────────────────────┘
```

〈企業のファンダメンタルを形成する要因の分析〉

　企業のファンダメンタルズを支えるまたは影響を与えるものは、主に業界外の要因、業界内の要因、会社固有の要因に大きく分けることができる。図表5-3は、代表的な要因をまとめたものである。

　業界外要因は、企業が営業基盤を置く国の政治環境、経済環境、規制環境、社会構造、金融・資本市場の特性、および商慣行などである。為替、金利、規制緩和は典型的な事例であろう。消費者の嗜好・価値観や人口構成の変化を見極めるのも重要である。たとえば、1990年代中頃から消費者にとって自動車は贅沢品から実用品となり、普及率も頭打ちになった。その結果、自動車の保有年数が大幅に延び、買い替え需要が構造的に減少した。マクロ要因は、時として企業の信用力を大きく左右することがある。

　日本企業を分析する場合、特に注意を払うべきは、日本市場の金融・商慣行である。多くの大手日本企業は、伝統的に主要取引銀行と親密な関係を築

図表5-3　企業のファンダメンタルズを形成する要因の分析

業界外要因	業界内要因	企業固有要因
政治環境	業界・市場構造	市場地位
経済環境	競争構造	製品コスト競争力
規制環境	参入障壁	ブランド・技術・販売力
社会構造	業界規制	事業ポートフォリオ
消費構造	景気感応度	顧客・調達先との関係
商慣行	需給・価格動向	労使関係
法体系	技術革新サイクル	財務力・会計方針
会計原則	投資回収サイクル	経営・財務戦略
金融・資本市場特性	資本需要・集約度	経営陣のリスク許容度
為替・金利など	訴訟リスクなど	コーポレート・ガバナンス
		企業構造など

いてきた。メインバンクは顧客企業に対する関心・監視が強い半面、主要取引先が困難に直面した際に、競争力の再構築に必要な支援を忍耐強く提供する姿勢を続けてきた。そのため、同じような業績内容や財務状態でも、日本と欧米の企業では（特に債権の）デフォルトへの距離が違う可能性がある。また、日本企業は長期安定取引を好むため、原材料・部品提供先、完成品メーカー、販売会社などで形成されるバリューチェーン全体でマクロ要因（たとえば、原材料価格の急騰・急落）の変動を吸収する傾向がある。その影響で日本企業の平均収益性は世界的にみて低い場合もあるが、一方で長期的な視点に立つと業績の安定性は海外の企業に比べ構造的に高いという見方もできる。

　企業のファンダメンタルズに影響を与える業界内要因としては、市場規模、業界構造、再編動向、競争要因・動向、需給動向、価格動向、業界の成熟度、参入障壁、業界規制の方向性、代替製品の存在、資本需要・集約度、コスト構造、価格弾力性、景気への感応度、技術革新サイクル、投資回収サイクル、特定他業界への依存度、訴訟リスク、潜在債務などがある。こうしたリスク要因を企業の事業サイクル、すなわち、供給面・生産面・需要面・回収面の観点から再整理して分析することも有効である。また、注目されることは少ないが、業界各社の経営陣の行動原理や競争に対する考え方は、企業の信用力に本質的な影響を及ぼす要因になりうるので注意を払う必要がある。

　たとえば、日本企業がグローバル市場で高い支配力をもつ業界は、競争者数が少ない割には業界全体の利益率が低いケースをしばしばみかける。逆に海外企業が業界のリーダーである場合、プレーヤー数が多くとも業界の収益性が高いことはよくある。競争参加企業の経営陣の市場占有率と収益性に対する考え方の違いが、作用していると思われる。日本市場に目を向けると、2000年代初頭に日本経済の長期的な成長持続性に対する懸念を強めた多くの経営陣は、市場占有率の確保より利益率の維持を優先する戦略のほうが企業の長期的な利益の最大化につながると考え、製品価格の適正化に動いた。それ以降に起きた原材料コストの高騰に対しては、努めて顧客への価格転嫁で

対応した。こうした経営陣の行動原理の変化が、業界全体の収益性の上昇（あるいは悪化を緩和）に貢献した。規制業種を分析する場合も、規制環境の法的枠組みだけでなく、それを運用する規制当局の基本姿勢・目的意識（行動原理）を正確に理解することはきわめて重要である。消費者の利益（料金）と安定供給（サービス供給者の経営の安定性）のどちらに規制の軸足を置くかによって、信用評価の結果がかなり変わる可能性がある。

企業のファンダメンタルズに影響を与える会社固有の要因としては、市場地位、生産能力、費用構造、コスト削減能力、販売力、研究開発力、製品の優位性、価格影響力、ブランド力、事業と収益源の分散、顧客・調達先との関係、労使関係、財務の柔軟性・流動性、企業構造、親会社・第三者からの支援の可能性などがある。さらに、経営実績、事業戦略の方向性、経営陣のリスク許容度、財務戦略、合併・買収に関する姿勢、投資基準、会計の保守性、コーポレートガバナンスなど、経営の質に関連する諸要素も含まれる。

こうした要因の多くは、競合相手のものと比較してはじめて適切な評価を下せることを忘れてはならない。多くの分析担当者は、対象会社固有の要因に対する分析は詳細に行うが、主要競争相手のものについては多くの時間を割かない。それでは分析対象会社の競争優位性に対する評価・理解は深まらない。また、多くの企業は事業戦略、財務方針、経営姿勢・哲学などを中期経営計画のなかで公表している。こうした競合他社の経営戦略は、分析対象会社が直面するだろう競争の質とスピードについて多くを示唆してくれる。分析対象会社を理解することは、競争相手を知ることでもある。分析対象会社の弱みを分析するより、競合他社の強みを探るほうが競争の本質がみえることもある。

〈経営陣の環境・リスク対応力を分析する〉

事業環境の変化に対して、経営陣がどこまで対応できるかを分析するにあたり、まず企業のリスク認識について知る必要がある。将来直面する可能性のある不確実性を理解していなければ、それに対する対策もとらない・とれ

ないのである。会社の中期経営計画、アニュアルレポート、決算説明会用の資料などで、マクロ環境、業界環境、競争環境の変化に対する経営陣のリスク認識についてある程度知ることができる。しかしながら、リスク要因の発生時に経営陣がとる用意のある対策（Contingency Plan）について、ヒントになる情報はあまりない。また、環境が変化して経営戦略をすべて計画どおりに実行できないとき、経営陣は何を優先するのかを示唆する資料もほとんど存在しない。経営陣と直接こうした議論を交わす機会がない場合、過去に経営陣がとった行動原理・経営哲学、日頃の経営陣の発言、競合相手の対応例、選択肢になりうる対応策の費用・効果、想定される諸利害関係者の反応、考えうる競争相手のリアクション、財務面の制限などから企業がとりうる対応策を推測し、そのリスク緩和効果を評価する。また、企業から情報が提供されたときも同様の分析を行い、経営陣が示したリスク緩和策の実行可能性と効果について吟味することが望ましい。

〈クレジットストーリーの構築〉

複雑に作用しあう多数のリスク要因がもたらす影響を整理し、意味のあるクレジットストーリーに仕立てることは、アナリストがもたらす最大の付加価値である。しかしながら、このプロセスには確立された方法論はなく、担当者のクレジットセンスに大きく依存している。アナリストに要求されているのは、企業のオペレーションおよび競争力についての深い理解、環境変化がもたらすリスクの本質に対する鋭い洞察、それと多少のイマジネーションである。

簡単なクレジットストーリーを例として描いてみよう。サブプライムローン問題の発生後、日本の大手自動車メーカーであるA社は主要マーケットでの急激な需要緊縮により、売上台数が対前年比で25％程度減少し、このままの状態でしばらく推移すると予想される。急速に進展した円高も、収益に大きなマイナス影響を及ぼした。需要喚起策とコスト合理化努力の効果は短期的には期待できず、固定費比率の高いA社は数年の大幅な営業赤字は避けら

れない。しかしながら、A社は流動性も財務の柔軟性も高いため、資金繰りに問題が生じる懸念はない。競争優位性にも変化はみられない。売上げの減少は主要競合相手に比べて小幅であるため、市場占有率はむしろ上昇している。業界トップのコスト削減能力は、このような時期にこそ真価が発揮され、コスト優位性が高まると思われる。また、研究開発を維持できる財務体力のある競合相手はそう多くないため、新商品の導入でも優位に立てる。さらに、A社は経営資源を成長余力の高いアジア地域にシフトさせる戦略をとると予想され、地域の所得水準に合った価格帯の車の開発にも本格的に着手すると思われる。小型車の生産技術が高いA社ならば、数年で新商品の開発が可能であるため、アジアの需要を他社に先行して確保することができる。したがって、A社の収益性と財務プロファイルは数年間悪化するが、その後、着実な改善が見込まれる。ただし、以前のレベルに戻すにはかなりの時間が必要である。その一方で、競争優位性の上昇により、長期的な成長産業である自動車業界におけるA社の市場地位はより安定性を増す。したがって、中長期的にA社の信用力が大幅に劣化する可能性は低い。クレジットストーリーの構築はアナリストのリスク要因に対する積極的な評価・判断を奨励し、信用リスク分析の質を高める。

〈企業の将来像の定量化／センシティビティー・アナリシス／ストレステスト〉

信用力に影響を与えるリスク要因の分析とクレジットストーリーの組立てが終われば、企業の将来像を定量化するプロジェクションはわりと単純な作業である。大切なことは、さまざまな角度からプロジェクション数字の整合性を確かめることである。たとえば、プロジェクションでは営業利益が7％に改善するが、過去の最高値である5％をなぜ上回ることができるのか、競争力に勝る競合他社の6％をどのような理由で超えられるのかなど、自分の分析に対して再点検を行う。企業から予想数字が出されている場合でも、自分のプロジェクションと異なる理由を理解するのも有効なチェック手段であ

る。

　また、センシティビティー・アナリシスとストレステストを行い、分析対象企業がさまざまなシナリオでどのようなパフォーマンスをみせるのかを知ることによって、そのリスク抵抗力を深く知ることができる。こうしたシナリオ分析は、将来の業績を当てることが目的ではなく、企業がリスクに対応できる範囲を探るためのツールである。2年後のドル・円レートを予測するより、分析対象企業の体力で対応できる為替レートの幅を知るほうが大切である。分析シナリオの設定にあたり、保守的だが実際に起こりうる状況を想定するのが基本である。プロジェクションは、企業の債務返済能力を判断する重要な情報として使われる。

〈財務分析〉

　財務データは、企業の財務状況や経営内容の変化を理解するのに必要な情報を提供してくれる。同時に企業のファンダメンタルズや経営陣の環境対応力・行動原理を示唆するヒントも満載している。財務データ分析は、通常過去5年間程度を対象期間とする。ただし、それでは経営トレンドが確認できないときや景気循環サイクル・技術サイクルを通してパフォーマンスが検証できない場合、対象期間を長くする必要がある。また、財務データの分析にあたり、会計情報は企業の経済実態が適切に反映されるよう調整を行うべきである。さらに、異なる会計基準の会社と比較分析するときも調整を加える必要がある。

　財務データ分析に使用する定量指標は無数にあるが、大きく分類すると収益指標、レバレッジ、インタレスト・カバレッジ、キャッシュフロー・カバレッジ、業界特有の指標の5つである（図表5-4参照）。定量分析を行うとき、重要とされる典型的な指標を全般的にみるだけでなく、対象会社が直面する環境変化や問題点を最も的確にとらえる指標を意識的に割り出し、それらを重点的に分析検討すべきである。企業特有のリスクを適切に表す指標が存在しなければ、自らそれを構築する努力も必要である。

第5章　信用リスク分析の基礎

図表5-4　代表的な財務指標

収益指標	・営業利益率 ・純利益／平均総資産　など
レバレッジ	・債務合計／キャピタリゼーション ・調整後債務／キャピタリゼーション　など
インタレスト・カバレッジ	・EBIT／支払利息 ・EBITDA／支払利息　など
キャッシュフロー・カバレッジ	・RCF／調整後債務 ・FCF／調整後債務　など
業界特有の指標	・ARPU＝1契約当りの売上（通信） ・債務合計／規制資産（電力）

調整後債務＝債務合計＋保証債務＋リース債務＋その他の実質債務
キャピタリゼーション＝債務合計＋資本勘定＋少数株主持分

大企業向け債権ポートフォリオの信用リスク分析

　金融機関は大企業向け債権をポートフォリオとして保有・管理しているため、ポートフォリオ単位の信用リスク分析も重要である。母集団となる大企業の数がそう多くないことと、債務者1社当りの融資金額が比較的大きいことを考えると、分析を行うにあたってシングルローンアプローチはとりにくく、ローンバイローンアプローチを採用せざるをえない場合が多い。

　このときに注意すべきことは、計測された個々の債権のデフォルト率を単純に足しても、正確なポートフォリオレベルのデフォルト率の算出にならないことである。なぜなら、ある債権のデフォルトが他の債権のデフォルトを引き起こす要因ともなるからである。つまり、個々の債権の相関を考慮しなければならない。しかし、適切な相関を求めるためには、個別債権のクレジットストーリーを理解する必要がある。そうした理解なくして、モデルに

数値を代入しただけで的確なリスク分析ができると考えるのは早計である。

　また、ストレステストを行うときに注意しなければならないのは、検討しているストレスシナリオの妥当性と蓋然性である。たとえば、比較的業種分散が効いた上場企業で構成されている大規模な信用ポートフォリオを分析した結果、ストレス時のデフォルト率が20％と算定されたとしよう。これは上場企業の20％がデフォルトする可能性を示唆している。果たしてここで想定されたストレスシナリオは現実的だろうか。そうなれば、中小企業のデフォルト率は相当程度の高さになり、失業率は想像もつかないような数値になるであろう。ストレステストを行うにあたり、保守的だが現実的なシナリオを心がけるべきである。

第 3 節

中小企業向け信用商品の信用リスク分析の留意点

はじめに

　一般的な意味での中小企業の信用リスク分析については、前節の「一般事業会社（大企業）の信用リスク分析の基礎」を参考にしていただきたい。基本的には同じ分析手法で問題ない。ただし、信用力に相当する格付記号を付与するとしたら、ほとんどの中小企業は投機的等級に分類される可能性が高い。なぜならば、中小企業の多くは大企業に比べてリスク要因に影響されやすく、環境変化への対応力が弱いと考えられるからである。さらに、経営判断の失敗が許容される範囲も大企業と異なる。

　一概に中小企業といっても、世界的な技術をもった「超優良企業」もあれば、運転資金の確保にも四苦八苦しているものもある。つまり中小企業の分析は、基本が同じでもその実態・特徴に応じて重視するべき項目やストレス要因が大きく異なるということである。たとえば、明らかに競争優位性をもった商品を生産する企業であれば、分析の中心は製品のライフサイクルや研究開発力かもしれないが、売上げの変動が激しい会社は、毎月の資金繰りが関心の対象になる。同様のことは大企業についてもいえるが、中小企業ではその違いが相対的に大きい。中小企業の債権のポートフォリオはある程度のデフォルト率の発生は避けられない。重要なことは、ポートフォリオ全体でそれを上回る適切な信用スプレッドを確保することである。

支払意欲

　中小企業の場合、会社の業績が経営者の手腕に大きく依存していることがしばしばある。事業戦略だけでなく財務戦略も、経営者の意向が色濃く反映

されている場合も多い。さらに組織内部の相互牽制や外部からの監視も比較的弱いため、経営者の個性や価値観が中小企業のオペレーションや支払意欲（債務返済の優先順位）に大きく影響する。それに対して、上場企業は組織の役割が分散され、内部の相互牽制が働くだけでなく、外部監査役が目を光らしている場合もある。株主、銀行、投資家からのチェックもある程度期待できる。そのため、合理的な理由・説明なく経営陣が会社の戦略や債務返済に対する姿勢を変えることはあまりない。

賢明な中小企業経営者は自分の会社の実態と外部に映っている姿を正確に認識し、債権者の懸念を意識しながら成長戦略を追求する。「意識なければ備えなし」であるため、会社の経営戦略を掘り下げれば、経営者の負債に対する姿勢を垣間みることができる。経営者と直接議論する機会がある場合でも、言葉をそのまま鵜呑みすることなく、経営戦略のなかで債務返済がどのように位置づけられているのかを確認する必要がある。また、環境に大きな変化があれば、特に中小企業はすべての面で変わる可能性があるので、経営者の意識をそのつど再検討すべきである。

大企業の分析と同様、中小企業の経営者が過去の経営環境下でどのような考え方や優先順位で財務戦略を実行したのか、を時系列に検証することは有効である。初めてみる会社に対してこのような時系列分析を行うのは大変かもしれないが、時間の経過とともに情報が蓄積され、作業の負担が減少するだけでなく経営者の行動原理に対する予測の精度も上昇する。リレーションシップバンキングが効力を発揮するところである。逆にこうした情報の蓄積がなければ、債権者は債務者の環境対応力のみでなく、その債務返済意欲も的確にとらえることはできない。信用力評価のボラティリティ（変動性）も当然高くなる。

スコアリングシステムによる信用リスク分析

中小企業に対する与信審査では、スコアリングシステムが採用されている場合が多い。どのような項目をどのような配点とするかは、まさに各金融機

関のノウハウがものをいうところである。気をつけなければならない重要なことは、入力項目と評点方法が画一的なものにならず、業種やその他のリスク特性に応じて柔軟に対応できる体制の構築である。また、支払意欲も重要な評点項目として考慮されるべきである。

デフォルト率推計モデルによる信用リスク分析

　日本において、中小企業向けのデフォルト率推計モデルは数種類現存している。筆者が知る限り、すべて過去のデフォルトデータとデフォルト企業の財務数値を利用した統計型アプローチのモデルである。デフォルト率推計モデルを使用するときの留意点は、1つのモデルから導かれる結論に過大依存することなく、複数モデルの併用で結果を相互点検するべきである。また、最低でも年に一度は新しいデフォルトデータをモデルに反映させ、評価結果を再点検する必要がある。さらに、モデルが示唆するデフォルト率の妥当性について、できるだけ定性的な議論も行い再確認することが望ましい。この点は第4章で強調したとおりである。

中小企業向け債権ポートフォリオの信用リスク分析

　ローンバイローンアプローチを採用するなら、基本的には上記の大企業向け債権分析結果やデフォルト率推計モデルの結果を利用して行うことができる。しかし、ポートフォリオが分散していれば、シングルローンアプローチを採用することができる。

　その場合、過去のデータを使用することになるが、自社のものだけでなく競合他社等がもつ類似債権ポートフォリオの経験数値も活用して、分析の精度を上げる努力を行うべきである。比較的入手しやすい情報としては、中小企業向けの融資・リース債権を裏付資産としたABS (Asset Backed Securities) のパフォーマンスデータなどがある。また、データの利用にあたって、数値の変遷に注意を払うだけでなく、数値に変動をもたらした要因についても理解を深める必要がある。過去のストレス時のパフォーマンスは、信

用評価の役に立つ多くの有用なヒントを提供してくれる。

　分散が効いているポートフォリオのパフォーマンスの変動は、(個別債権固有の理由からではなく)マクロ要因の変化によって引き起こされることが多い。ただし、金融機関がビジネスを取得する環境・戦略によって、ポートフォリオを構成する債権(あるいは債務者)のリスク特性が変わり、パフォーマンスが影響されることもある。

　通常、競合する金融機関は似たような営業力と審査体制をもっており、一定レベル以上の信用力をもった潜在顧客層を取り合う。顧客の選択基準や審査方法が違えば、当然デフォルト率の違うポートフォリオになる可能性がある。そのため、競合他社の債務者とそのパフォーマンス(延滞率やデフォルト率)を分析すれば、自社のポートフォリオのリスク特性と営業戦略上の優位性・課題に対する理解も高めることができる。競合相手の情報を得ることは一般的にむずかしいとされるが、他社が債権を流動化していれば、その証券化商品を購入することによって裏付資産のパフォーマンス情報を手に入れることができる。

　現在では多くの金融機関が債権の証券化を行っているため、比較に使える情報が増えているはずである。特にリース債権の証券化は歴史が古い。努力すれば15年以上(バブル崩壊後の時期も含めて)のデータが手に入る。ただし、時代背景や経済不況をもたらす要因は時期によって異なるため、過去のストレス時のデフォルト経験はさまざまな洞察を示してくれるものの、過去データが示すパフォーマンスの表面的な数値をそのまま現在に当てはめて使用することは賢明ではない。

第 4 節
個人向け信用商品の信用リスク分析の基礎

はじめに

　個人向け信用商品において、個別債務者の信用リスクを議論する経済合理性は存在しない。ポートフォリオとしてリスク・リターンを認識する。現在、スコアリングシステムを利用した画一的な与信判断が主流である。しかし、同じリスク特性をもった債務者グループごとに細分化することで、異なる金利＝信用プレミアムを設定することができれば、競争優位性と収益性の向上につながる可能性を秘めている。

支払意欲

　個人債務者の信用評価において、支払意欲（計画性と節約意欲と能力）の分析が大きな比重を占める。なぜなら、企業業績の変動性に比べると、個人の収入の変動性は相対的に低い。つまり、収入の予測性が高い。非自発的な失業や給与カットなどの収入減がデフォルトの要因となりうるが、デフォルトを必ず引き起こすほどの深刻さになることはまれである。ほとんどの場合、一定期間後に再就職ができる。また給与のカットは企業業績の回復で解消することも考えられる。したがって、不測の事態に備える貯蓄があるか、一時的な生活費の削減を実行する意欲があれば、デフォルトに至る状況にならないことが多い。

　収入の変化がデフォルトに直結する場合は、生活費の節約では対応できないような過大な金額のローンがあるか、年収が低く最低必要な生活費をさらに削減できないか、またはすでに実質多重債務者となっている（主な要因は浪費癖である場合が多い）ことが考えられる。いずれも不測の事態に対する

備えがほとんどないと考えられるうえに、環境の変化次第では支払能力を超える可能性のある債務と認識しながらも借入れを行った点で、支払意欲（計画性）が低いとみることができる。

ここでいう支払意欲は個人の性格や人格からくるものではなく、債務返済の計画性と必要時に生活費を削減する意欲・能力を指している。支払意欲を客観的に測ることは容易ではない。特に倹約意欲・能力は個別性が強いだけでなく、定性的な判断に頼らざるをえない。こういう実態がありながら、個人向け債権は経済合理性の面から画一的なスコアリングシステムによる評価に頼らざるをえないところに信用リスク分析のむずかしさがある。

さらに、個人のデフォルトには「支払拒否」が存在する（このタイプのデフォルトは個人だけでなく、自営業や零細企業でも起こりえる）。

この支払拒否は、拒否することのデメリット（他の借入れができなくなる）とメリット（今後の返済をしない）を比較して選択される。この場合すべての債務を支払拒否するのではなく、選択的に行われる可能性がある。たとえば、カードローンの支払拒否はしても、住宅ローンの支払は行うかもしれない。

支払能力（年収と生活固定費）

個人の支払能力を考える場合、一般的に年収が利用される。その意味でよく使われる指標はDTI（Debt To Income、年間返済金額／年収）である。しかし、新規債務に対する支払能力は、収入から生活固定費などの経費と既存債務の返済額を引いたもので測られるべきである。個人個人が生活固定費と考えているものに違いがあり、その金額を推測するのは困難である。単純には年収－年率貯蓄額を生活固定費と考えるしかないのが現実である（現状では、この年率貯蓄額を把握することも困難である）。一方で、貸金業法の改正による「総量規制」の導入、割賦販売法の改正による「支払可能見込額」の概念の導入が行われることから、少なくとも継続的な債務者の年収の把握・確認が行われるものと考える。実際これらの改正に備えて、個人債務者の債務借入情報（ホワイト情報と呼ばれる）については、各金融機関が情報を出し合い総

借入額の把握が可能になるよう整備が進められている[129]。年収は基本的に源泉徴収票などで確認されることとなるだろう。生活固定費については、年収把握の過程でどの程度付随情報として入手できるか[130]によるだろう。つまり前者は法的な問題から必要となる情報であるが、後者は自社の信用評価の精度を向上させる有力情報であることから、各企業独自の工夫が望まれる。

個人向け債権ポートフォリオの信用リスク分析

　個人向け債権のポートフォリオレベルの信用リスク分析は、基本的にシングルローンアプローチを採用する[131]。ストレステストは収入の減少額×期間を想定して行うことが妥当である。年収別新規失業者数、平均再就職必要月数、再就職時年収乖離などの失業に関する情報があれば理想的だが、現在は残念ながら失業率そのものしか信頼のできるデータがない。個人向け債権のストレステストを行う方法は、2通り存在する。

① 失業データとポートフォリオのデフォルト実績との相関を解析して推定する方法。この検証に他社のパフォーマンスデータもできれば利用する（使用されるデータはダイナミックデータ[132]と呼ばれるものが多い）。

② 債務者や債権の属性でポートフォリオを細分化し、過去のパフォーマンスと失業データなどとの相関性を検証する方法（使用されるデータはスタティックデータと呼ばれるものである）。

　①の方法は経済ダイナミクスの影響を検証しやすく、②の方法は債務者・債権属性別の支払能力や支払意欲に対する帰納的な検証を可能にする。

---

[129] ただし、この借入総額に住宅ローンや自動車ローンのデータが含まれなければ、その「ホワイト情報」の信用リスク分析上の価値が高まらない（特に銀行のデータが含まれることが重要である）。

[130] 今回の「総量規制」での義務情報とはなっていない。

[131] 住宅ローンはローンバイローンアプローチが可能であり、将来開発が期待されるところである。

[132] ダイナミックデータは時系列連続性をもったパフォーマンスデータベースであり、通常の決算データの考え方と同じものである。一方、スタティックデータは債権のライフタイムにおけるパフォーマンスデータベースである。

第 5 節
証券化商品の信用リスク分析の特徴

はじめに

　証券化商品は、非常に多岐にわたった分析手法が利用される。また金融工学的手法も利用されることが多い。本書では基本中の基本となる概念の説明にとどめる。

　今回の米国のバブルの生成と崩壊の過程において、証券化が信用リスクマネーの動きを加速させたことは事実である。そのことをもって、証券化が「不適切」な信用取引であるとする論調がある。しかし、筆者は証券化そのものよりもリスク分析の過程に問題があったのではないかと考えている。重要なことは適切にリスクを認識して、組成、販売、格付、投資を行うことである。事実、証券化商品すべてに問題が発生したわけではない。証券化商品全体からみれば「一部の特徴的な証券化商品」に問題が発生し、その多くは、裏付資産が「不動産に関係するもの」か、あるいは分析に「高度な金融工学を用いたもの」かという共通する特徴があることを指摘できる。

　いかに分析モデルが発展しようとも、信用リスク分析は将来の予測であることには変わりなく、信用評価を行うものは、その結果を人的に解釈・判断することが必要である。金融工学的な分析手法はあくまでもツールとして「利用」されるべきである。

　本書において、「ポートフォリオの分析」に関する説明を行っているが、これらは「証券化商品の裏付資産の分析」とほとんど同質のものである。証券化商品の裏付資産の分析手法を学ぶことで、自社の信用ポートフォリオの分析に対する多くのヒントを得ることができる。

> **コラム12**
>
> **証券化商品が損失の総量を増やすことは不可能（文責：山内）**
>
> 　一部の（そう希望する）識者・マスコミの間で証券化手法が損失を増大させるかのような議論を耳にしたが、証券化したからといって裏付資産の信用リスクが増えることはないし、証券化商品自体が金融全体の損失を増加させることは不可能だ。なぜなら、証券化によってなされたことは、ノンバンクや銀行から資産を切り出して市場で流動化しただけだからだ。
>
> 　ただし、信用リスク分析の失敗により、本来行われるべきではない融資が実行され、それが証券化によって可能となっているとしたら、そのことで結果として市場の損失がふくらむことは事実である。これは証券化商品が原因ではなく、信用リスク分析の失敗である。たとえば本来信用力が低い企業の信用力を高いと分析し、その企業が倒産回避の運転資金に利用するために発行した債券を市場が受け入れればその分市場の損失が増加するのと本質は同じである。

証券化とは

　証券化の意義や目的については各種の切り口が存在する。本書では、証券化が「資金調達」の手段である点、そして信用リスクを伴う金融商品である点において、その他の信用商品と変わりがないものととらえる[133]。ただし、融資の実行や債券の購入は「新しい債権債務の関係を生成する（オリジネートする）ことであること」に対して、証券化は形式的には、SPVと投資家の間に新たな債権債務を生成することは同様であるけれども、本質的にはすでにオリジネートされた債権を裏付資産として、債券や信託受益権を発行することにより、実質的に流動性の乏しい債権を信用市場で流通させる手段ととらえることができる。その意味では、証券化そのものが本源的に新たな債権債務を生成するものではない。

---

[133] 資金調達ではなく、信用リスクの売買を主目的とする証券化も存在する。

SPV

証券化ではSPVが使われる。SPVはSpecial Purpose Vehicleの略語である。特定の事業活動を行うことを目的として設立される。一般的なSPVは、SPC（Special Purpose Company＝特別目的会社）であり、代表的なものとしてはケイマン諸島に設立される株式会社がある。SPCのほかに信託も利用され、日本では、こちらが主流を占める。また日本では資産流動化法に基づく特定目的会社なども用いられる。さらに先般の法律変更を受けて、一般社団法人[134]を用いた案件も存在する。現在では株式会社や合同会社もSPCとして用いられている。いずれにしてもなぜSPVを使うか、主に2つの理由がある。

① 債権をもともと所有していた企業（本源的資金調達者）の信用リスクから裏付債権を法的に遮断するため。

② 証券化のための債権保有会社（SPV）から経営の不確実性を遮断するため。

①は「ノンリコースローン」と同様の考え方である。②に関してはさまざまな程度のものがあるが、ほぼ完璧に遮断することが証券化の起源となっている。SPVは裏付資産の保全・管理・回収・処分を行い、その回収資金を証券化商品に分配することのみを事業目的とする。他社から借入れをしたり、従業員を雇ったりするような事業活動はいっさい行わない。さらに、SPVを維持する最低限の経営的事務作業以外はすべてアウトソーシングされる。

上記の2点を達成することにより、証券化商品の信用リスクは裏付資産のそれに収斂されていく。また、SPVを利用することで、優先劣後構造に代表される信用補完を組み込み、その量を調整することにより、証券化商品の信用リスクの調整を行い、市場のニーズに合わせた商品を組成することが可能となる。

---

[134] 以前の有限責任中間法人。

証券化商品の構造

　証券化商品といえば何か特殊な構造のものととらえられがちだが、単純にみた場合、第2章で説明したノンリコースローンの考え方と同様である（図表5-5参照）。

　実際の証券化商品の構造はもっと複雑な場合が多い。1つの案件に多数のSPVが存在することがある。しかし、キャッシュフローの流れでとらえれば、構造が複雑になっても分析の方向性を失うことはない。

証券化商品の種類（伝統的証券化商品）

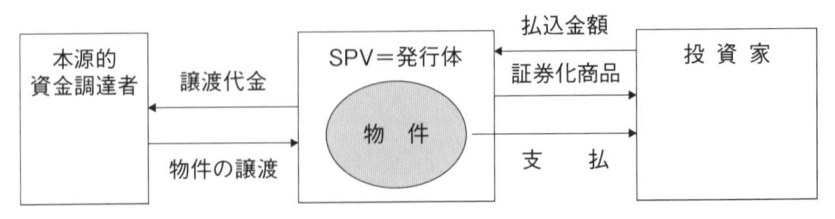

　証券化商品の分類の方法はさまざまであるが、代表的なものは「裏付資産」による分類である。たとえば以下のように分類されることが多い。

- ABS（Asset Backed Securities）：住宅ローン以外の個人向け債権および中小企業向けリース債権。
- RMBS（Residential Mortgage Backed Securities）：個人向け住宅ローン。
- CDO（Collateralized Debt Obligations）：企業向け融資・債券・CDS。
- CMBS（Commercial Mortgage Backed Securities）：商業用不動産ノンリコースローンか不動産そのもの。

　筆者は投資家の視点に立った場合、上記の分類では不十分であると考えている。さらに以下のリスク特性の視点を加えて、証券化の分類を行うほうが適切であろう。

- 裏付債権の分散度

図表5-5　証券化商品

図表5-6　証券化商品の分類の視点

	ABS	RMBS	CMBS	CDO
裏付債権の分散度	○	○	×	×
リコース性	○	○	×	△
回収率の重要性	×	○	○	△

・裏付債権の債務者へのリコース性
・分析における回収率の重要性

　たとえば、このリスク特性で商品タイプを定義すると、図表5-6のようになる。このリスク特性を取り込んで証券化商品の分類を行うと、以下のようになる。

- ABS：住宅ローンを除く個人向け信用商品、企業向け信用商品を裏付資産とし、分散ポートフォリオであることを条件とする。
- RMBS：住宅ローンを裏付資産とし、分散ポートフォリオであることを条件とする。
- CMBS：商業用不動産向けノンリコースローンを裏付資産とし、通常非分散ポートフォリオである。
- CDO：信用商品であればどのようなものでも裏付資産とするが、非分散ポートフォリオであることを条件とする。

　この分類では、ABSは分散が効いた実質無担保とみなされる債務者へのリコース債権を裏付とするものである。RMBSは、基本的に債務者にリコースできる居住用の住宅ローンを裏付とするものである[135]。アパートローンやマンションなど投資用物件などに対するローンにおいて法的にノンリコースローンである場合、あるいは実質的にノンリコース性が高いと判断されればRMBS分類するのは不適切であり、CMBSに分類されるべきである。CMBSは、商業用不動産（投資物件）に対するノンリコースローンを裏

---

[135] 日本においてはノンリコースの居住用住宅ローンは存在しない。

付資産とする。ほとんどの CMBS は分散度が低い。主なリスクの所在は担保となる商業用の不動産の将来価値が生み出すキャッシュフローとなる。

特に、CDO の裏付資産を「非分散ポートフォリオの信用商品」としている。信用リスクをとる投資家の視点からすれば、「非分散プール」のリスク特性と分析手法を加味して分類するほうが重要と考えるからである。「分散度[136]」に着目すれば、CMBS も CDO と分類することも可能ではあるが、CMBS は商業用不動産の価値からの回収率にリスクが大きく依存することから CDO とせず CMBS と分類している。

「金融機関を除いた、1部上場企業で構成されたノーショナルアマウント（想定元本）が等しい CDS のポートフォリオ」は、ABS と CDO の分析手法を議論するうえで最高の題材である。それぞれの手法の最大関心事項は、次のものである。

ABS アプローチ（シングルローンアプローチ）⇒「ポートフォリオ全体に一律の損失率を想定し、ストレス状態においてどの程度上昇するか＝何社がデフォルトするのか、シナリオ分析を行う」

CDO アプローチ（ローンバイローンアプローチ）⇒「個別債権のデフォルト率の変動とその相関をどうみるのか」

実務的には、両方のアプローチを試して保守的なほうを選ぶことが望ましいが、格付やデフォルト率推計モデルなどを利用して個別債権のデフォルト率の推定に十分な信頼性があれば、CDO アプローチを基本とするのは一定の納得性が得られるだろう。

証券化商品の分析

一般的に証券化商品の信用分析はむずかしいといわれる。①高度な数学を利用した金融工学なのでむずかしい、②ファイナンス構造が複雑なのでむずかしい、③裏付資産の分析がむずかしいなどが理由と考えられる。

---

[136] できれば1万以上の債務者の数が存在することが妥当であろうが、実務では、1,000程度の債務者で分類している。

日本の証券化商品で、実際に金融工学と呼ばれるほど高度な数学を利用するケースが多いのはCDOであり、その他の証券化商品は一般的な確率分布の知識と簡単なスプレッドシートを作成する能力があれば対応できる。CMBSの分析の大部分は不動産物件の将来価値の検討である。RMBSは一部に分析モデルの利用が見受けられるが、モデルのアウトプットは裏付資産のリスク情報の一部として利用され、最終的なリスク評価はABS的な補正（過去のデフォルトデータの参考利用、オリジネーターの競争力、将来のストレスシナリオ分析など）が行われることが一般的である。CDOにしても、単純な2項分布（CDOの創成期に考案された分析手法の1つであり、デフォルトの確率分布の解析が算術計算で簡単に得られる2項分布を利用したものである）が使われることもある。

　ファイナンス構造は、実質的に数種類しか存在しないので基本的なものを理解すれば対応できる。そもそも、裏付資産はもともと間接金融で扱っている融資やリースを束ねてプールにしたものにすぎず、ほとんどは銀行やノンバンクの債権のポートフォリオから一部を切り出してきたものである。したがって、証券化商品という事実をもって、リスク分析をむずかしく考える必要はない。

信用リスク分析の流れ

　証券化商品の信用リスク分析は、基本的に2段階のステップを積み上げることによって行う。
- 裏付資産の損失率の確率分布を想定する。
- 回収資金の分配の具体的な流れを検証することで、信用補完の効果を検証する。

〈裏付資産の信用リスク分析〉

　裏付資産の分析アプローチの概要は、第4章、第5章で「ポートフォリオ」に関して言及した部分を参照してほしい。繰り返しになるが裏付資産は

各金融機関のポートフォリオの一部を切り出したものにほかならない。

　裏付資産の信用リスク分析は、損失率の確率分布を想定することである。シングルローンアプローチは標準的な確率分布[137]を前提とし、損失率の期待値とストレス時の損失率の想定値（ストレステスト）によってその形状の推定を行い（図表5-7参照）[138]、主にABSやRMBSに利用される。CDOではローンバイローンアプローチが採用され、裏付資産の各債権別の想定デフォルト率を利用してシミュレーションにより損失の確率分布を作成する。

　RMBSの場合、物件からの回収が期待できる。したがって、損失の確率分布の想定にあたって担保物件からの回収率も考慮する必要がある。この回収率はローンごとに個別性が強いため、分散が効いたポートフォリオであることを条件として、40％などの一律の数値が設定される場合が多い。回収率の参考となる有力な情報はLTVである。注意が必要なのは、将来の不動産の価格変動を考慮に入れる必要があること（日本の居住用不動産の場合、土地部分の価値は価格変動性をもった資産ととらえられるが、建物部分は一方的に減

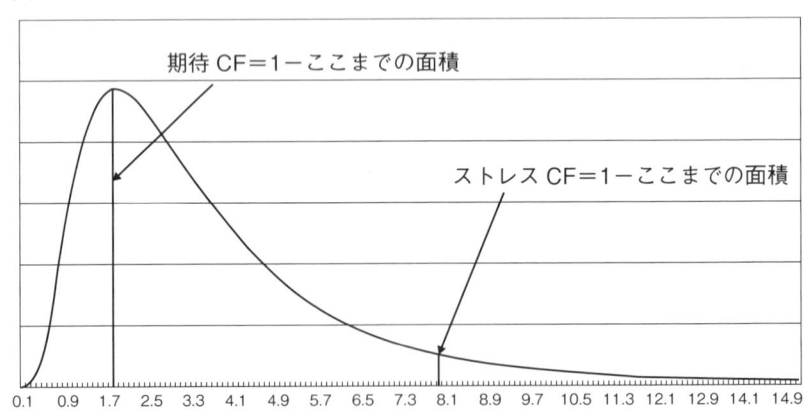

図表5-7　デフォルトの確率分布：対数正規分布の密度関数の例

137　正規分布や対数正規分布など統計学上きわめて標準的なものを使用する。
138　正規分布や対数正規分布などを前提とすることで、期待値とその分散を決定すれば、損失率の分布が決定できる。

価すると想定することが一般的である）と、ポートフォリオ平均のLTVではなく、「デフォルトするであろう」ローンのLTVが重要であることである。したがって、回収率は相当保守的に考える必要がある。デフォルトする可能性の高いローンをLTVが高いものであると想定するのは、信用リスク分析上健全な考え方であろう[139]。

　CMBSは、分散が効いていない。したがって、裏付資産である個別の商業用不動産＝物件の価値がきわめて重要な要素となる。基本的に不動産価格は上昇・下落のサイクルを繰り返す前提で考えた場合（商業用不動産の場合も建物部分の価値は減価すると考えるものの、居住用不動産と違い相当長期間の間に少しずつ減価していくととらえることから一般的なCMBSのファイナンス期間である5〜7年を分析対象とした場合、建物部分の価値も上昇・下落のサイクルを繰り返す資産ととらえることができる）、論理的に2つのアプローチが考えられる。

　①現状のCFをベースに起こりえる蓋然性が非常に高い近未来の変化（たとえばすでに契約しているステップアップ賃料や予算措置がすんでいる更新設備投資など）を織り込んだ価格を期待値とし、次にストレスシナリオにおける物件ごとの価値の変動性を検討することで将来の価格の確率分布を想定する（たとえばある物件では1％の確率で60％下落すると考え、違う物件では20％とするかもしれない。物件ごとに異なる形状をもった確率分布となる）方法と、②個別に物件ごとの分析を行うことにかわりはないが、将来の価格の確率分布を一定と仮定し（たとえば、どのような物件も1％の確率で40％下落すると仮定する）、現住の取引価格にとらわれず、仮定した確率分布にマッチさせるべく多様な蓋然性をもったさまざまなシナリオ（信用リスク分析の視点から妥当と考えられるシナリオ）を織り込んで総合的に物件の将来価値を検討し、物件ごとに期待値を想定する方法である（物件ごとの確率分布は単純に左右に平行移動したものとなる）。

---

[139] 一般的にLTVが高いローンのほうがデフォルト率が高いとされる。

どのような分析手法が妥当であるかは、裏付資産のリスク特性を考慮して慎重に選択されなければならない。

〈信用補完とは〉

証券化したからといって、裏付資産の信用リスクが変化することはありえない。一般的に証券化商品が高い信用力を具現できる理由は、証券化に、信用補完という人工的な仕組みが組み込まれているからである。代表的な信用補完は「優先劣後構造」と呼ばれ、劣後部分が、裏付資産から発生するリスクを最初に吸収することで、優先部分に当たる証券化商品の信用力を上昇させる仕組みとなっている。したがって証券化商品の信用リスクは、裏付資産の信用リスクと信用補完の量とのバランスのうえに成り立っている。つまり裏付資産のリスク量に対して、優先部分の信用力が高い場合、その分劣後部分の信用にリスクが高く（当然リターンも高い）なる[140]。そのような劣後部分は、通常流通を目的とせず、銀行やノンバンクなど証券化を行う本源的な資金調達者が保有する場合が多い。彼らにとって実質的資金調達額は、この優先債の部分となる。

たとえば、同じ裏付資産でも、「信用力のより高い優先債」を組成するならば、劣後の割合を高める必要がある、逆に「信用力のより低い優先債」がターゲットであれば、劣後の割合を下げることができる（図表5-8参照）。また、将来の損失量が大きいと判断された資産と低いと判断された資産では、同じ劣後割合でも、リスク量の違う優先債になる（図表5-9参照）。

〈信用補完の種類〉

上記では信用補完を優先劣後構造をもって説明したが、ほとんどの証券化ではエクセススプレッド[141]や現金準備金、あるいは元本支払構造など多様

---

[140] たとえば劣後部分が資産元本の30％とすると、結果として裏付資産から70％以上の元本回収ができれば、優先はデフォルトしない。逆にいうと、資産の30％がデフォルトするまで、劣後が信用補完となって優先債を保護することになる。

図表 5-8　信用補完（優先劣後）の働き I

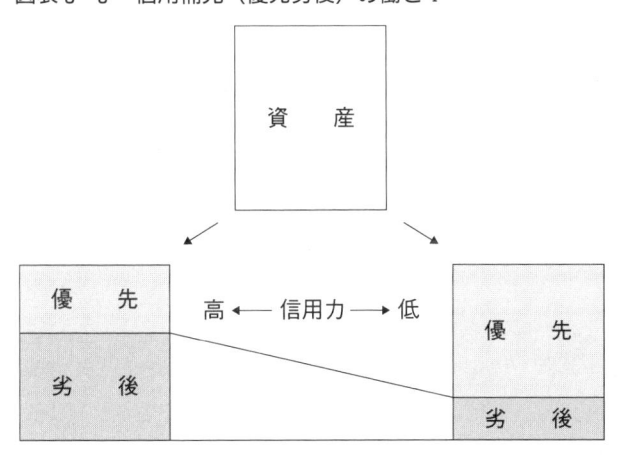

図表 5-9　信用補完（優先劣後）の働き II

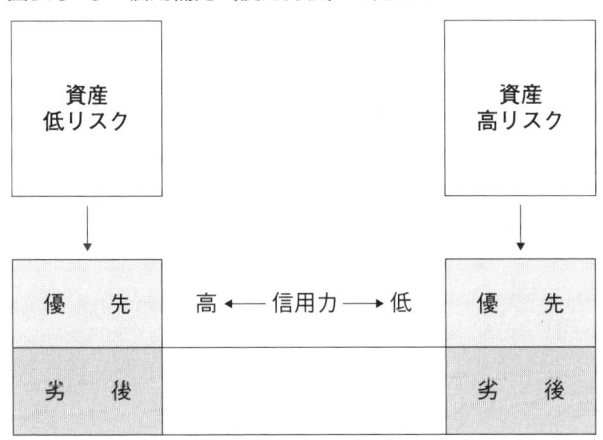

なものが組み込まれている。

　また、パフォーマンス（延滞率）が悪化した場合には、劣後への利息の配当をとめたり、優先債の元本償還を早めたりするような仕組みが組み込まれ

141　裏付資産の利回りから優先債の利率およびストラクチャー維持にかかる諸経費を引いた残余。

第5章　信用リスク分析の基礎　175

図表5-10 信用補完 トリガーとウォーターフォール

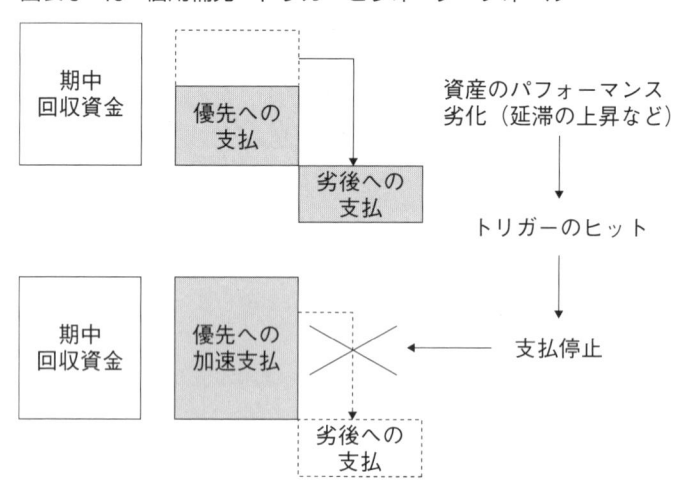

ているものも多い。その目的は、想定される多様なストレス状況に対して、優先債の信用補完を増すことである。そのような回収資金の債務に対する分配の流れを変える条件をトリガーといい、その分配の流れのことをウォーターフォールという（図表5-10）。つまり優先劣後構造は信用補完の一部でしかない。

〈キャッシュフローモデルとは〉

実際のウォーターフォールに基づく信用補完の働きの分析にあたっては、裏付資産のデフォルト量にストレスをかけていき、損失率を上昇させ、信用補完の十分性を検証する。

① デフォルトのタイミングを変動させる（想定した裏付資産の損失は最終的に起きうる損失であり、デフォルトのタイミングを考慮していないかランダムに発生することを前提とする。最終的に損失量が同じでも、デフォルトの発生のタイミング次第で、信用補完として利用できるエクセススプレッドが変化する）。

② どのように信用補完が働き、どのレベルのストレスで優先債に損失が出るか、キャッシュフローモデルを作成して検証する。

　具体的には、まずストレスをかけた資産の回収資金を期別（通常月単位）で計算し、それから決められた優先順位に沿ってつくられたウォーターフォールを通して各トランチ[142]に分配するスプレッドシートをつくる。このスプレッドシートのことを「キャッシュフローモデル」という。このキャッシュフローモデルは証券化商品の分析では必須なものである[143]。上記のとおり、ウォーターフォールは裏付資産のパフォーマンスで変動し、利用できる信用補完も変動する。これは「モデル」と表現するが、前述したデフォルト率推計のモデルやローンバイローンのポートフォリオ分析で使用されるような金融工学的モデルではなく、単なる四則計算を主体とした計算表である。

　たとえば、裏付資産の分析の結果から1％の確率で最終損失が20％だったとする。最初に、この20％の損失を期別に分配する割合を決める。仮に第1期の損失率を1％とすると、元本の1％の損失額がその期に発生することになる。結果第1期の予定回収額からその損失相当分を差し引くことで第1期の回収金額が決定され、ウォーターフォールに従って優先債の利払い、元本支払などと分配されていく。これを期別に連続して行うスプレッドシートである。

　信用補完がなければ、当然信用商品は20％の損失となる。そこで信用補完を設定する。たとえば劣後割合を10％とし、上記の期別の計算を行う。仮にその数値では優先債に損失が発生するなら、発生しなくなるまで劣後を上昇

---

[142] 証券化では、トランチングとして優先部分をさらに分割しそれぞれ信用リスク量の異なる信用商品をつくることが多い。それぞれ優先順位が決まっている。
[143] 各期の回収金と分配金をシミュレートできるのであるが、証券化商品を購入するなら、必ずこれをつくるか（どこからか）手に入れる必要がある。このキャッシュフローモデルは単純な四則計算でつくれるので、契約書のチェックも含めて（契約書に回収金の分配方法が記載されている）作成することを薦める。以後の裏付資産のパフォーマンスのモニタリングにも使用する。

第5章　信用リスク分析の基礎

させる。たとえば劣後割合が17％で損失が発生しなくなったとする。この場合、信用補完は劣後が17％で、差引きの３％はその他の信用補完（通常はエクセススプレッド）でカバーされたことになる。結果として劣後を17％とすれば、１％の確率でデフォルトする優先債ができあがる。もし、３年債だとしたならば、この優先債の格付はBBB程度であろう。さらに低い確率のデフォルト率の優先債をつくるのなら、裏付資産の損失率の確率分布から、より低い確率でより高い損失率を基準として、同様のキャッシュフローモデルで検証を行う。当然より高い信用補完が必要とされる。

メザニン

証券化商品の優先部分はトランチングとしてさらに細かく分割され、それぞれ優先順位が決められているものがある。メザニン債とは、優先債と劣後の中間に位置するものである。図表５-11のとおり、優先債（シニア債）にとってみれば、メザニン債も信用補完である。メザニン債にとっては劣後が信用補完である。論理的には、いくらでも分割できる。劣後部分には信用補完が存在しないことから、「エクイティー」と呼ばれることが多いが、この表現を使うと「ファーストロストランチ」とも呼ばれる。

図表５-11　信用補完（優先劣後＝トランチング）

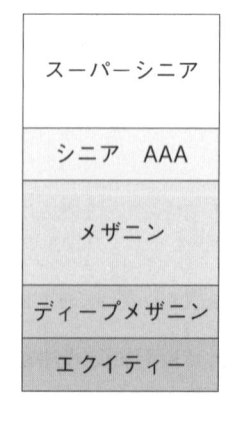

資　　産	スーパーシニア	それぞれ自己より下位のトランチが自分に対する信用補完となる
	シニア　AAA	
	メザニン	
	ディープメザニン	
	エクイティー	

論理的には裏付債権の信用損失の確率分布からいくらでもトランチングが可能である。しかし、どんどん分割していくと1トランチの絶対額が小さくなる。このことは、もともと証券化が「分散」を前提としていることから考えると問題がある。なぜなら絶対額が小さいことは、「分散効果」を削減する働きがあるからだ。「分散」が効いていることの1つのメリットは「1デフォルトのインパクトが少ない」ということである。たとえば、100社からなる金額均等な債権プールの1デフォルトのインパクトは1％であり、1,000社の場合は0.1％となる。ある証券化商品でトランチングをたくさん切った場合、計算上1トランチのサイズが全体の3％となったと仮定しよう。この3％は100社のプールでは、たった3社のデフォルトで消滅するのに比べ1,000社では30社である。デフォルトの相関がそれほど高くないとしても、100社のプールは1,000社のプールに比べて、1社がデフォルトする場合の影響が大きくなり、格付でいえば、各トランチの格下げが起こりやすいことになる。つまり格付の変動性が激しい信用商品ができる。1,000社のプールでも0.3％でトランチングすれば3社のデフォルトで消滅するため、上記の100社のプールで3％のトランチングを行う場合と同等の影響度となる。したがって「分散度」の議論は相対的なものであり、単に裏付資産全体の社数の多寡が問題なのではない。いくら社数が多くても（全体的に分散が効いていても）、問題は自身が保有するトランチの額と自身のトランチの信用補完になっている額に対する分散度が問題となる。

特殊なメザニン

　メザニンのなかには、信用商品の定義に戻って考えれば、単純に信用商品なのかどうか判断ができないものもある。特に気をつけなければならないのが、利率以外に裏付資産のパフォーマンス＝将来価値によって「成功報酬」が組み込まれたメザニンの存在である。この場合、メザニンの買手は純粋に信用リスク分析の立場から信用スプレッドを考えているわけではないので、信用スプレッドは通常から乖離する。論理的には資産の将来価値に対する

コールオプションを同時に購入したのと同じ経済効果となるので、オプションプレミアムの分だけ信用スプレッドが下がることになる。同じ裏付資産から優先債とそのようなメザニン債が発行された場合、信用スプレッドを単純には比較できない。企業が発行する転換社債についても、同様のことがいえる。

ハイブリッド信用商品と証券化商品

　同じ証券化商品でも経営の自由度（資産の変化に対する許容度）に対する制限という点で温度差がある。スタティックストラクチャー[144]であれば、ほとんど経営の自由度は存在しないが、マネージドCDOであれば一定の基準を満たせば資産の入替えが可能である。もしそうした制限がゆるくなると、単なるファンドに対する融資と同等のものとなる。また事業の証券化（WBS＝Whole Business Securitization）は証券化と冠されているが、次節で説明するハイブリッド信用商品そのものであることが多い。逆にWBSとはいいながら、実態は単なる売掛債権の証券化の場合もある。したがって、証券化と冠されていても、他の信用ハイブリッドのように一般事業会社に近い分析手法をとる必要があるものもあるし、証券化にみえなくても、実質的に証券化に近いものが存在する。表面的な名前では判断せず、実質的な信用リスクの観点からの判断が重要になる。

証券化商品の限界

　証券化を利用することで、金融機関が所有する債権を市場で取引するようにできる。論理的には、どのような債権でも将来キャッシュフローを期待できるのなら証券化できる。しかし、現実問題としては限定条件がつく。それは、そのキャッシュフローが「安定」していることと「分散」が効いている

---

[144] スタティックストラクチャーでは、いったん証券化された裏付資産に対して追加資産の譲渡（リボルビングストラクチャー）や資産の入替え（マネージドストラクチャー）が行われない。

ことだ。この 2 点をどのぐらいクリアできるかが問題である。逆に証券化商品の信用リスク分析は、この 2 点に関心が集中しているといっても過言ではない。そのほかに法的な問題で証券化できないものも存在するが、その議論は割愛する。

　証券化で裏付資産全体の将来の信用力を優先劣後構造で信用力の異なる金融商品に分割できる理由は、裏付資産が分散されており、ストレスがかかっても、一定レベルの損失で収斂するという仮説の上に成り立っている。また分散が効いていなくても、立地が適切な商業用不動産はストレス時でも価値がゼロにはならないと考えられるため、実質的に信用補完を具備していると考えられ、優先部分を信用商品として扱うことが可能である。しかし、裏付資産の特性によっては、その損失が限りなく100％に近くなるものもある。たとえば、上場企業でも同業種の下位集団を束ねたCDOを考えると、一定のストレスで100％デフォルトするかもしれない。そのような裏付資産では、いくら信用補完を積んでも高い信用力をもった信用商品とすることは不可能である。同じタイプの信用特性を裏付資産とした信用力の低いABSを集めてきて、CDOを組んだとしても同じことがいえる。同じ信用特性をもった裏付資産をいくら数を集めてきても分散効果は働かない。このようなことは、ストレステストを行うまでもなく、「常識」で判断できることである。

第 6 節
一般事業会社 vs ストラクチャードファイナンスの信用リスク分析

ストラクチャードファイナンスとは

　本来ストラクチャードファイナンスは、仕組みを導入し、市場のリスク選好にマッチしたファイナンス構造（デットとエクイティーの構造）を人工的にデザインすることで、有利な資金調達と効率的な資金運用を同時に実現することを目的とする。

　本書では、ストラクチャードファイナンスを「経営の自由度を制限する仕組み＝ストラクチャーを使っているファイナンス形態」と定義している。

　ストラクチャードファイナンスでは経営のダイナミズムを制限することによって、経営の失敗による信用力の悪化をある範囲内に抑える効果がある。債権者にとって、債務者企業がもつ不確実性が減り、将来のクレジットストーリーの構築が容易になる。ストラクチャードファイナンスの価値が、まさにここにある。

ストラクチャードファイナンスの形態

　本書の定義に従えば、一般企業（金融機関を含む）に対するコーポレートファイナンス以外は、すべてストラクチャードファイナンスの一形態と定義できる。程度差こそあれ、それぞれなんらかの形で経営の自由度が制限されている。図表 5 - 12 は、許容される経営の自由度によってさまざまなストラクチャードファイナンス形態を色分けしたものである。

　伝統的な証券化商品は信用商品として、一般企業に対する債権とは対極の位置にあり、経営の自由度が極端にあるいは完全に制限されている。本書ではその中間に位置するファイナンス形態は、信用リスク分析上、一般企業向

図表 5-12　ストラクチャードファイナンス

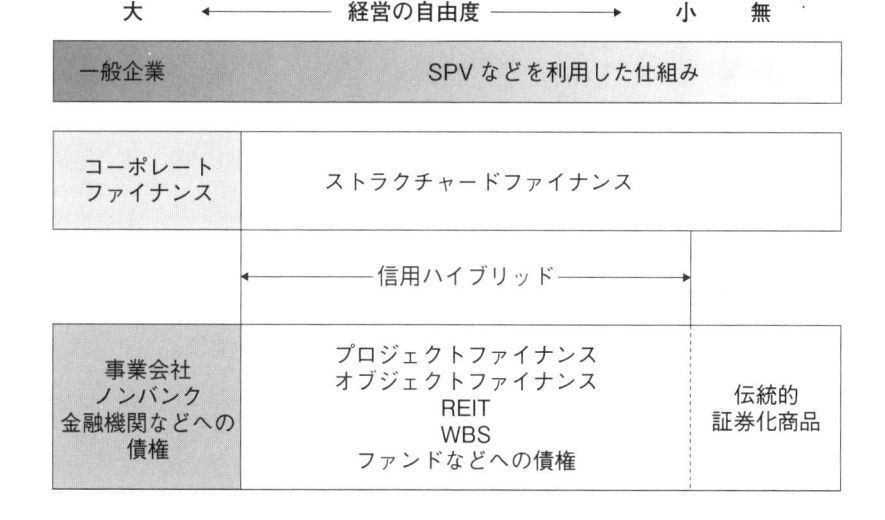

	大　←──── 経営の自由度 ────→　小　無
一般企業	SPV などを利用した仕組み
コーポレートファイナンス	ストラクチャードファイナンス
	←──── 信用ハイブリッド ────→
事業会社ノンバンク金融機関などへの債権	プロジェクトファイナンス　オブジェクトファイナンス　REIT　WBS　ファンドなどへの債権 ／ 伝統的証券化商品

け債権と証券化商品の「ハイブリッド」と定義する。これらを「ハイブリッド信用商品」と呼ぶこととする。証券化商品と称しても、実質的にハイブリッド信用商品である場合があるので注意されたい。また、ハイブリッドは便利な言葉であるゆえ、さまざまな意味で使われている。たとえば、転換社債のような「株式」と「信用商品」の性格をあわせもつものをハイブリッドと呼ぶ場合もよくあるが、経営の自由度を制限する仕組みが存在しないので、本書が定義するところの信用ハイブリッドではない。

　ハイブリッド信用商品のリスク特性は商品によってかなりの違いがある。本書では、ストラクチャードファイナンスのなかでも一番経営が制限された証券化商品と一般企業のオペレーションを比較することで、ハイブリッド信用商品を含めたストラクチャードファイナンスに対する理解とその市場における位置づけを理解していただきたい[145]。

145　詳細はシリーズ別書『ハイブリッド信用商品の信用リスク分析（仮）』で取り上げる。

一般事業会社 vs 証券化 SPV

　信用リスク分析面からみた伝統的な証券化商品と一般事業法人の違いを、図表5-13にまとめてみる。証券化商品を発行するのはSPVであるが、それを企業体とみなして比較する。すべてのハイブリッド信用商品（ストラクチャードファイナンス）は、この中間に位置すると考えればよい。

　証券化SPVは一般の事業会社と違い、経営判断に基づく事業形態の変化がない。事業形態の変化は当該企業の信用力にとってプラスの場合もあれば、マイナスの場合もある。証券化SPVではこのような不確実性は排除される。事業会社では、日々の事業活動によってバランスシートは変化するのが当然であるが、証券化SPVのバランスシートは裏付資産のみであり、事業活動によって変化することはない。ただし、その価値は変化する。保有資産からキャッシュフローを回収することのみが証券化SPVの事業活動である。一般の企業が事業活動をやめ、従業員を解雇し、資産をキャッシュ化して債務を返済するだけになれば、証券化SPVと同様の状態になる。

　事業会社では債務も日々変化する。債務は銀行借入れ・CP・社債などの有利子負債だけでなく、買掛金、従業員の退職年金やその他の負債も含まれる。証券化SPVでは、存続に必要な業務以外は制限されている。また、す

図表5-13　事業会社と、証券化商品を発行するSPVの相違点

	事業会社	証券化のSPV
事業形態の変化	○	×
バランスシートの変化	○	×
新たなデット	○	×
配　　当	○	○
内部留保	○	○
外部サポート	○	×

（注）　○はあること、×はないことを示す。

べての業務は外注され手数料を支払う構造となっている。したがって、SPVは当初より予定されている以外の新たな負債・デットを起こすことができないようになっている。

　一般事業会社の配当に当たるものが、証券化では劣後部分（ファーストロストランチあるいはエクイティーと呼ばれる）への配当である。証券化商品のファーストロストランチは経済的には一般事業会社の株式のような役割（債務に対する劣後）を果たしている[146]。SPCを設立するために提供される出資金は、通常信用補完の目的をもたない。

　事業会社での内部留保に当たるものも、証券化SPVでは用意されている。それは現金準備金と呼ばれるものであるが、信用補完の構造によっては、多種類の現金準備金が組み込まれる。こうした準備金の資金使途と使用条件は厳格に決められており、一般事業会社のように事業に再利用されることはない。

　証券化SPVは外部からのサポートは通常期待できない（明示的に保証が付与される場合は別である）。一般事業会社ではサポート要因が重要な考慮の対象となる場合がある。証券化商品以外の信用ハイブリッド商品も外部サポートが議論されることがある。

　証券化商品の信用リスク分析では、SPVはダイナミックな事業活動が制限されているため、裏付資産が将来生成するキャッシュフローの不確実性とそれに対する信用補完が評価の主要対象となる。

リファイナンスリスク

　信用リスク分析上、重視する要因の1つに「リファイナンスリスク」がある。多くの事業会社にとって、その信用力はほぼリファイナンス能力と同義である。有利子負債のない会社を目指し、しかも実現できる会社はまれであ

---

[146] ただし、普通株式のように会社に対する法的権利（支配権に基づく経営への関与・権利）をもたない。返済を受ける順位が各種経費や優先債務部分に劣後するということであり、SPCの設立のための出資金とは異なる。

り、ほとんどの会社はデットをもつ。デットには返済期限があり、多くの場合企業はリファイナンスによって返済資金を手当てする。一方、伝統的証券化商品はスタティックストラクチャーであるため、信用リスク分析上はリファイナンスリスクを考慮する必要がまったくない。たとえば、自動車ローンを裏付債権とする証券化商品では、債務者の返済に応じて証券化商品の元本が返済されていく。債務返済のために新たなファイナンスをとる必要はない。信用ハイブリッド商品において、リファイナンスリスクを分析する必要性が増すにつれて、そのリスク特性は一般事業会社のものに近づく。

　証券化商品のCMBS、REITの投資法人債、大手不動産会社の事業債の比較を通して、リファイナンスリスクをさらに比較してみよう（図表5-14参照）。

　CMBSは証券化商品であることから当然事業展開は制限されている。資産の入替えや追加購入もない。REITは不動産の入替え以外のほかの事業を行えない。不動産会社はいつでも経営戦略や事業展開の転換を図ることができる。CMBSでは資産の入替えがないので当初の負債が変化することはない。REITは資産に対する負債額を制限するLTVが通常存在し、一定比率に達すると新たな資産の購入ができない。不動産会社には負債に対する制限がないだけでなく、不動産購入以外の目的で負債を増やすこともできる。

図表5-14　一般事業会社・REIT・CMBSの信用商品の比較

	大手不動産会社	REIT	CMBS
事業の制限	×	○	◎
資産の変化制限	×	△	◎
負債制限	×	○	◎
リファイナンス	○	○	△
テールピリオド	×	×	○
サポート	○	△	×

（注）　○はあること、×はないことを示す（◎、△は程度の差を示す）。

不動産の購入あるいは開発費の回収には50年はかかるといわれている。したがって、どのファイナンス形態でも5年程度の調達期間が主流なので、リファイナンスは避けられない。ただし、通常 CMBS は 7 年債が中心であり、5年目に期限前償還条項がついている。つまり、CMBS は償還日の最低2年前にリファイナンスを行うよう設計されている。5年目にリファイナンスできなかった場合、債権者の主導で物件の売却が実施される。この期間を「テールピリオド」と呼ぶ。2年の期間でファイヤーセールを行い[147]、その売却代金で元本と利息の償還を行う。返済に必要な額に不足すれば、そこではじめて証券化商品としての CMBS の信用商品のデフォルトとなる。つまり、リファイナンスの失敗は期限前償還の失敗ではあるが、証券化商品の CMBS のデフォルトとならないよう条件設定されている。REIT の債務にはテールピリオドが設けられていない。リファイナンスの失敗＝デフォルトとなる。事業会社も同様である。

　企業のリファイナンスリスクを分析するにあたって、金融機関や企業グループとの関係は重要な考慮項目である場合も少なくない。REIT についても同じであるが、CMBS ではほとんど当てはまらない。

---

[147] 当初1年間はファイヤーセールではなく、通常の売却交渉を行うなど、実施方法が詳細に決められているものが多い。

第6章

格　付

第 1 節

格 付 と は

格　　付

　格付は信用リスクを判断する代表的な参考意見として市場で認知されている。一般的に格付は「発行体が債務の元本および利息を償還まで予定どおり支払う能力および意思についての意見」と定義されている。言い換えれば、格付は「デフォルトの可能性」または、「債務不履行までの距離」を表している。

　各格付会社は同様の格付記号を使っている場合が多いが、同じ格付記号は必ずしも同じものを意味しない。たとえば、デフォルトの可能性とデフォルト時の予想損失の両方（いわゆる信用損失）を考慮して格付を付与する格付会社がほとんどであるが、なかにはデフォルト可能性のみをとらえているところもある。また、各格付会社の格付等級別の実績デフォルト率も異なる。ただし、米国市場においてムーディーズとＳ＆Ｐは同レベルの格付パフォーマンスを長い間、示してきたことから、両社の格付記号はほぼ同じ意味をもつと市場で解釈されている。他の市場においても、格付会社の格付記号が表す意味はほぼ同等であると解釈される傾向にあるが、格付会社自身はそのような認識を示しているわけではない。

　日本では5社の格付会社が事業活動しており、各社のHPをご覧いただくとそれぞれの格付記号が異なる定義と意味をもっていることがわかる。格付体系や格付記号そのものが違う場合もある（図表6-1参照）。格付を付与するうえで、各社とも独自の格付ポリシー・方法論・手法を採用している。当然、結果として出される格付のもつ意味が異なるのも容易に想像がつく。

　格付記号について特に注意をしていただきたいのは、CCC（Caa）以下である。ある格付会社ではCCC～Cは債務の不履行がまだ起きていない状態

図表6-1 格付記号（個別債権格付）

（五十音順）

R&I	S&P	JCR	Fitch	Moody's
AAA	AAA	AAA	AAA	Aaa
AA	AA	AA	AA	Aa
A	A	A	A	A
BBB	BBB	BBB	BBB	Baa
BB	BB	BB	BB	Ba
B	B	B	B	B
CCC	CCC	CCC	CCC	Caa
CC	CC	CC	CC	Ca
C	C	C	C	C
	D	D	RD	
			D	

（注）　表として表現するため各社の格付記号を同列表示しているが、同じ記号が同じ意味を表現するものではない。各自各社の「格付の定義」を「必ず」確認してほしい。
　　　あわせて「デフォルト」の定義の確認も必須である。
　　　また上記の記号に付加記号がつく（＋、－、1、2、3）。

を指すが、別の格付会社ではすでにデフォルトしていることを意味する場合もある。このことから、各格付会社のB等級の格付も、実質的な意味において相当な違いがあることが推測できる。また、格付を利用する際の留意点としては、高位格付であるAAA～A間に「意味のあるデフォルト率の差」が存在しないことである。AAA～Aの違いは、BBBまでの相対的な距離と考えるほうがわかりやすい。BBB以下の格付等級は、デフォルト率に大きな差異がみられるため、格付利用者はその違いを認識しやすい（次頁図表6-2～6-5参照）。

　一般的に、格付は「信用リスク分析の専門家による意見」としてその価値が認識されている。格付の根本的な存在価値は、その「独立性・中立性」に

図表6-2　平均累積デフォルト率（S&P1981～2008年・表）　　（単位：%）

	1	2	3	4	5	6	7	8	9	10
AAA	0.00	0.00	0.09	0.18	0.27	0.37	0.40	0.47	0.51	0.55
AA	0.03	0.08	0.14	0.25	0.34	0.45	0.56	0.65	0.73	0.83
A	0.08	0.20	0.34	0.52	0.72	0.95	1.21	1.45	1.69	1.94
BBB	0.24	0.68	1.17	1.79	2.43	3.06	3.59	4.12	4.63	5.16
BB	0.99	2.88	5.07	7.18	9.07	10.90	12.41	13.74	15.00	16.02
B	4.51	9.87	14.43	17.97	20.58	22.67	24.46	25.93	27.17	28.41
CCC～C	25.67	34.10	39.25	42.29	44.93	46.24	47.45	48.09	48.53	50.33

（出所）　Standard & Poor's「2008 Annual Global Corporate Default Study And Rating Transition」(2009年4月) Table 14より筆者作成。

図表6-3　平均累積デフォルト率（ムーディーズ1970～2008年・表）　　（単位：%）

	1	2	3	4	5	6	7	8	9	10
Aaa	0.000	0.013	0.013	0.037	0.107	0.176	0.250	0.330	0.416	0.508
Aa	0.017	0.054	0.087	0.157	0.234	0.312	0.388	0.455	0.498	0.551
A	0.025	0.118	0.272	0.432	0.612	0.814	1.025	1.266	1.516	1.752
Baa	0.164	0.472	0.877	1.356	1.824	2.299	2.770	3.241	3.766	4.397
Ba	1.113	2.971	5.194	7.523	9.639	11.580	13.263	14.921	16.570	18.276
B	4.333	9.752	15.106	19.864	24.175	28.261	32.164	35.432	38.437	41.088
Caa～C	16.015	25.981	34.154	40.515	45.800	49.687	52.702	56.097	59.736	63.275

（出所）　Moody's Japan K.K.「社債・ローンのデフォルト率と回収率1920－2008年」(2009年9月) 図表39より筆者作成。

ある。格付会社が行う信用リスク分析は、本書のシリーズ別書で紹介する分析手法と本質的な違いはない。

　格付は債券のプライマリーマーケットばかりでなく、セカンダリーマーケットでも機関投資家間で信用リスクを議論するうえでの共通言語として使

図表6-4 平均累積デフォルト率(ムーディーズ・グラフ)

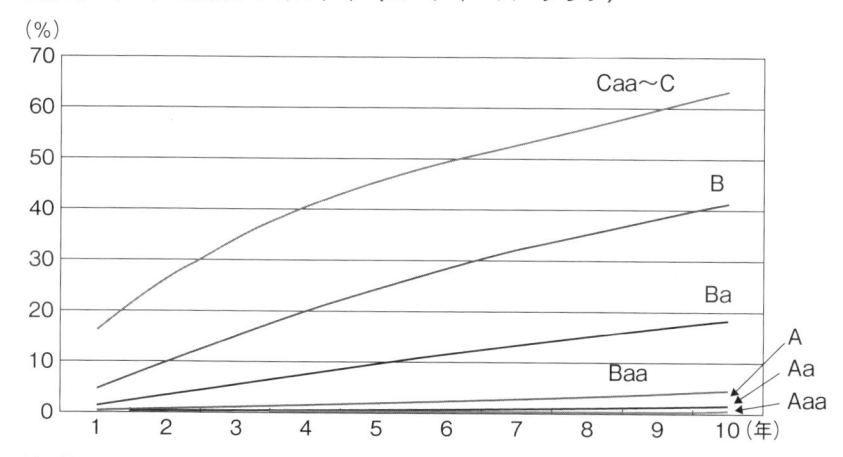

(出所) Moody's Japan K.K.「社債・ローンのデフォルト率と回収率1920―2008年」(2009年9月)図表39より筆者作成。

図表6-5 平均累積デフォルト率1978～2008年(R&I・表)

(単位:%)

	1	2	3	4	5	6	7	8	9	10
AAA	0.00	0.00	0.00	0.00	0.00	0.15	0.29	0.29	0.29	0.29
AA	0.00	0.00	0.00	0.00	0.05	0.10	0.16	0.33	0.52	0.71
A	0.07	0.17	0.28	0.43	0.58	0.73	0.98	1.27	1.53	1.78
BBB	0.09	0.30	0.52	0.75	1.06	1.36	1.66	1.88	2.19	2.48
BB	1.95	3.38	4.95	6.09	6.92	7.89	9.30	10.80	11.99	13.15
B以下	8.70	14.04	18.46	20.47	23.09	24.71	27.05	28.28	29.56	30.88

(出所) ㈱格付投資情報センター「格付けとデフォルトの関係」(2009年6月)(付録2)より筆者作成。

われている。また、プライシングを議論するツールとしても利用されている(図表6-6、6-7参照)。図表6-6を参照するとイールドの「ジャンプ」がみられることが興味深い。

第6章 格 付 193

図表 6-6 格付別スプレッドのイメージ（米国）2006 年 3 月

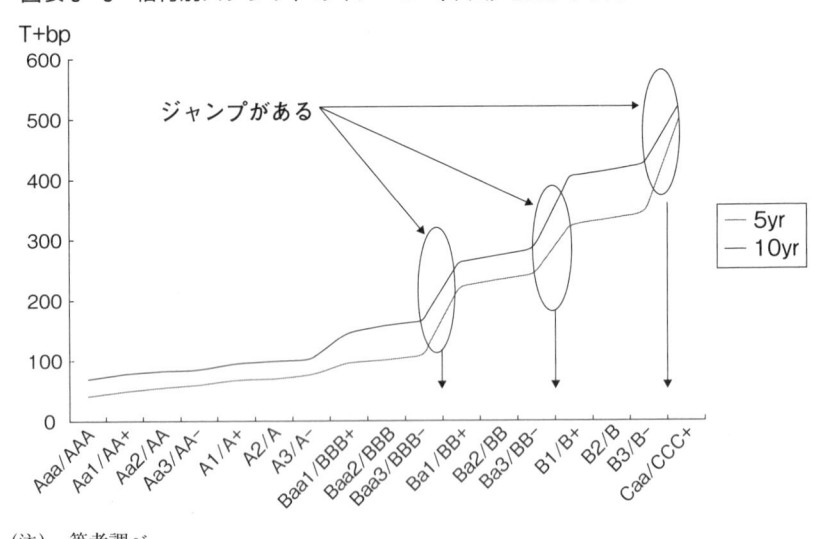

(注) 筆者調べ。

図表 6-7 格付別金利（日本） 4 年債 2009 年 7 月 30 日発表

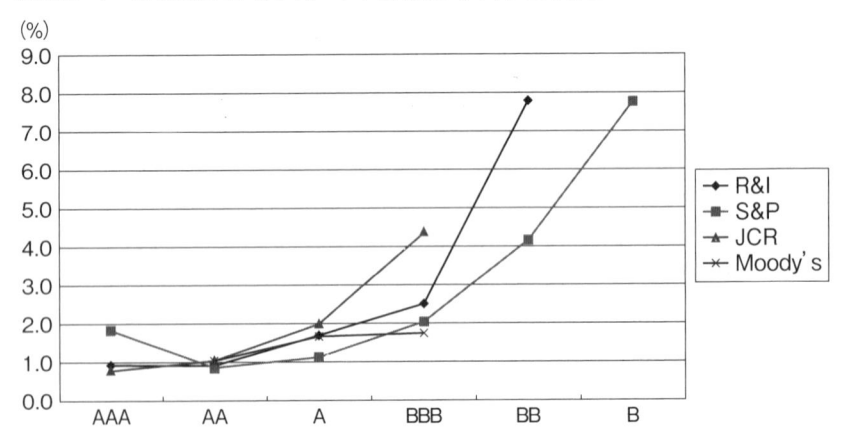

(出所) 日本証券業協会「格付マトリクス表」より筆者作成（格付記号は標準的なものを使用）。

> **コラム13**
>
> ### 格付不要論
>
> 　格付は米国で発達し、市場に定着した。いまでは債券の投資家だけでなく、金融機関を含め多くの人が格付を利用している。規制当局による利用も拡大している。なぜ単なる私企業が発表する記号（＝意見）が、市場でこのような位置づけを占めるようになったのであろうか。その最大の理由は格付会社の中立性・独立性にある。また、専門家として信用リスクに対する質の高い意見を提供してきたことが評価されたと思われる。
>
> 　格付会社はここ10年ぐらいの間に、アジア通貨危機、エンロン事件、そして今回のサブプライムローン問題を経験し、そのたびに大きな批判を浴びた。しかしながら、本格的な格付不要論は市場で大きな勢力を占めていない。アジア通貨危機とエンロン事件後は、むしろ格付に対する需要が増えている。さらに、銀行の自己資本規制であるバーゼルⅡでの格付利用も始まった。たしかに格付意見の質に対する疑問は根強くあるが、格付会社の中立性・独立性に取ってかわれる仕組みはいまだに発明されておらず、一定程度のプレゼンスは保つのだろう。
>
> 　本論で説明しているとおり、投資家サイドに自律的リスク分析の姿勢が必要なことは論をまたず、質の欠如が明らかになった格付会社を退場させる働きができれば、「格付会社」ではなく、健全な「格付」のプレゼンスを保つことができる。

デフォルト統計

　格付記号がもつ意味合いが大きな転機を迎えたのは、1990年代中頃にムーディーズが過去の格付等級別デフォルト率を公表したことである。それまで格付は相対的な信用力を測る定性的な物差しとして使用され、それで十分に市場が機能した。しかし、この統計が発表されてからは、デフォルト率が市場の関心を奪った。特に日本において、格付が本格的に注目され始めたバブル崩壊後の時期（格付の制度は1980年代に導入されている）とタイミングが重なったため、市場関係者の間で格付記号とデフォルト率統計をセットでみる

傾向が強い。したがって、日本市場では格付記号の意味を定性的に咀嚼して使用する経験がほとんどないままに、デフォルト率との同時利用がすぐに普及した。

　格付会社のデフォルト統計をご覧いただくと、高い格付ほどデフォルト率が低いことがわかる。各格付等級のデフォルト率は、当初その格付等級を付与された発行体のうち、時間の経過とともにどのぐらいの数が実際にデフォルトを起こしたかを示した統計である。デフォルト率は年によって変動するものであり、不況期に上昇することは過去の統計から明らかである。デフォルト率を正しく理解するうえで注意していただきたいのは、たとえばBBB等級の5年累積デフォルト率が3％であった場合、それは当初BBBを付与された発行体のうち、5年という時間の経過とともに平均で3％（100社のうちの3社、あるいは1,000社のうち30社）が債務不履行を起こしたことを意味しているということであり、すべてのBBB等級の発行体のデフォルト率がどの5年間をとっても3％であったととらえるべきではない。したがって、デフォルト率の利用は以下の条件が満たされた場合にのみ有効である。

・社債をポートフォリオとして多数所有している場合
・長期にわたって投資する場合

　このような条件が満たされる投資家は、いわゆる「機関投資家」であり、「プロ」の投資家である。よく個人投資家向け債券の販売に格付が使われることがあるが、この場合はデフォルト率ではなく格付の定性的な定義を利用すべきである。

投資適格等級と投機的等級

　格付は、投資適格等級と投機的等級に大きく分類される。

・投資適格等級：AAA〜BBB
・投機的等級　：BB〜

　こうした分類は市場で自然に発生したと考えられているが、2つのカテゴリー間にかなり大きなデフォルト率の違いが存在する。過去の歴史におい

て、米国の多くの一般的な機関投資家はその投資対象をAAA～BBBとし、当該債券がBBレベルに格下げされたり、またはその可能性があると考えたりした場合に市場で売却する姿勢を伝統的に示してきたことから、このような区別が時間とともに定着したと思われる。投機的等級債券を購入する投資家はハイリスク・ハイリターンの投資姿勢をもつと解される。投機的等級は投資不適格等級と呼ばれるときもあるが、誤解を招く用語である。投機的要素はあるが、投資に適していないわけではない。実際、米国には大きな投機的等級の社債市場が存在している。

したがって、市場には2種類の信用リスクマネーが存在する。投資適格等級を対象とする信用マネーは、通常BBで保有債券を売却するオペレーションを行っている。彼らの関心は「信用プレミアム－売却損」の最大化である。一方、投機的等級を対象とする信用マネーの視点は、「信用プレミアム－信用損失」の最大化である。

投機的等級のうち、CCC～はほとんどデフォルトが確実視されているケースが多く、NPL（Non Performing Loan＝ノンパフォーミングローン）とかディストレストアセット（Distressed Asset）と呼ばれることもよくある。これらに対するプライシングは、信用プレミアムではなく、直接元本に対するパーセンテージ（％）で価格が形成される。たとえば、100円に対して60円（60％）で取引される。

コラム14

投資適格という表現

本書では英語の「Investment Grade」を「投資適格等級」としている。これは現在市場で定着した用語だからだ。私たちはこの「適格」がなぜついているのか疑問に思っている。一方「Speculative Grade」を「投機的等級」としている。

人によっては、この「Speculative Grade」を「Non Investment Grade」として「投資不適格等級」と表現したりする。私たちは「適格」とか「不適格」が入っている表現は妥当でないと考える。なぜなら

> これらの表記は、意見でしかない格付記号が投資家に対しあたかも投資に適しているあるいは投資に適していない、という勧誘の意味合いを示しているように思えて仕方がないからである。投資はあくまでも自己の判断で行うものであり、ローリスク・ローリターンを好む投資資金もあれば、ハイリスク・ハイリターンを好む投資資金もある。投資に値する適格な債券かどうかは当の投資家が判断するものだ。意見でしかない「記号」が投資誘導してはいけないし、特に「当の格付会社」やメディアでこのような表現が使われることはきわめて不適当だと思う。
>
> できれば「投資的等級」と「投機的等級」としてほしいものだ。

短期格付

短期格付は満期期間1年以内の信用商品に対して付与される。長期格付と同様に、短期格付の記号およびその意味・定義は格付会社ごとに異なる(図表6-8参照)。

短期格付が付与されている代表的な信用商品は、預金・CDおよびCPなどである。発行体の信用リスクをとらえるという意味では同じであるが、短

図表6-8 格付記号(短期格付)

(五十音順)

R&I	S&P	JCR	Fitch	Moody's
a-1	A-1	J-1	F1	P-1
a-2	A-2	J-2	F2	P-2
a-3	A-3	J-3	F3	P-3
b	B	NJ	B	NP
c	C	D	C	
	D		D	

(注) 表として表現するため各社の格付記号を同列表示しているが、同じ列が同じ意味を表現するものではない。各自各社の「格付の定義」を「必ず」確認してほしい。
あわせて「デフォルト」の定義の確認も必須である。
また表記の記号に付加記号がつく(+、−)など。

期格付の本質的な役割は長期格付と少し違う。投資期間が影響を与えている。長期信用商品の価格を形成する基本要素は信用スプレッドとデフォルト時の信用損失である。つまり、「信用スプレッド×デフォルトまでの期間⇔売却時・デフォルト時の信用損失」の関係が重要である。短期の場合、この考え方は成立しにくい。なぜなら、デフォルトによる信用損失を短期間の信用スプレッドで回収することはほぼ不可能だからである。したがって、長期の信用格付と短期の信用格付に対する投資家の期待に違いが存在する。短期の格付に期待されていることは、少し極端な表現をすれば、「最上級短期格付の信用力＝キャッシュ」である。よく長期債が1年未満の残存年数になったから、長期格付から短期格付に変更すべきという声があるが、そうしない理由の1つは長・短期格付を利用する投資資金の性格に違いがあるためと思われる。

　短期格付は、短期金融市場からの「退場ルール」としても利用されている。短期格付は少なくとも4段階からなる記号があるのだが、最上位（5段階ある会社では最上位から2番目まで）の格付以外は大きな市場が存在しない。それ以下は安定した調達ができないため、発行体は実質的に短期金融市場から撤退することとなる。すなわち、最上位短期格付からの降格はほぼ発行体の市場からの退場を意味する。この時点では発行体の長期格付はまだ投資適格等級にあるのが普通であり、短期債務をデフォルトすることはほとんどない。ただし、短期資金調達は市場での短期債券発行から銀行借入れへと、資金調達方法がシフトしていくことになる。

格付の見通しとウオッチリスト

　格付会社は、格付記号以外に追加的なシグナルとして、格付の変更可能性を示す「格付見通し」や「ウオッチリスト」を提供している。格付見通しは中期的な格付の変更しうる方向性をポジティブ・安定的・ネガティブで示している（まれに情報不足から方行性を未定とすることもある）。格付を支える前提が大きく変化し、現在の格付レベルにふさわしくない可能性が高くなった

とき、格付は見直しの対象となり、ウオッチリストに入れられる。多くの投資家は、格付記号、格付の見通しやウオッチリスト、格付レポート等の文章情報など格付システムを構成する複数の要素を参考にしている。

格付の変更

格付は、時間の経過とともに発行体の信用力に変化がみられれば変更される。格付は基本的に発行体の事業リスクとそれを支える財務クッションのバランスによって評価される。このバランスが環境の変化などによって崩れると、格付は見直される。個々の格付が変更される可能性について適切に判断するには、以下の点に関して格付会社から明確な説明を求める必要がある（もし格付会社が公表していなければ）。

・格付を支える大きな前提条件は何か？
・格付の見直しにつながる可能性のあるストレス要因は何か？　その蓋然性とインパクトは？
・格付にどのようなストレスシナリオが織り込まれているのか？

証券化商品の格付

証券化商品の格付は、一般企業に対するものと本質的に違わない。一般企業の格付分析では、対象企業の現在の信用実態を評価したうえで、将来の環境下でそれがどのように変化していくのかを予測し、適切と判断するレベルの格付を付与する。証券化商品の格付において、裏付債権の将来像を分析するところまでは一般企業と同じである。ただし、その後に「発行体がターゲットとする格付レベル」に到達するための必要な信用補完を議論するプロセスが加わる。信用補完には多様な形態があり、これといって決まったものはない。

第 2 節
格付の失敗

投資家の関心と格付

前述のとおり、信用商品の投資家は大きく2つに分けられる。
- AAA～BBB の投資家（一般の機関投資家）
- BB～B の投資家（リスク選好の機関投資家）

一般の機関投資家は年金・保険に代表される長期資金であり、彼らの投資に対する基本姿勢は持切りである。リスクフリー資産以外の高格付商品に投資するものの、デフォルトリスクは基本的に許容できない。彼らにとって「ゆっくりとした格下げリスク」は信用スプレッドの対価として許容できるが、「急速な格下げ」や「突然のデフォルト」は想定していない。

一方、BB～B の投資家は積極的に信用リスクをとり、そのリターンを享受しようとする。彼らはデフォルトリスクを許容できるが、その発生確率と回収率が問題となる。つまり、一般的に、
- AAA～BBB の投資家の関心は「格下げリスク」
- BB～B の投資家の関心は「デフォルトリスク＋回収率」である。

格付の失敗とは

信用リスク分析が将来の予測である以上、格付が常に正しいことはありえない。ただし、明らかな「格付の失敗」は存在する。一般的にBBB以上に格付された債券がデフォルトをした場合、市場は格付の失敗として認識する。これを含めて、他にも明らかな格付の失敗とみなされるべき状況がある。
- AAA～BBB の債券が短期間のうちにデフォルトした場合
- AAA～BBB の債券が急激に3ノッチかそれ以上変更された場合（ノッチとは、各格付記号に付与される「＋、−」を含めた等級）

- デフォルトした債券の格付を数年さかのぼって投資適格等級がついていた場合
- BB~Bの債券が異常に高いデフォルト率を示した場合
- 格付アクションのリバース（格上げ後の格下げまたはその逆）が比較的短期に起きた場合

このほか、恐慌時にBBBの債券がほとんどデフォルトしないのも格付の失敗（低すぎる）と考えるべきである。かかる状況では、当該格付等級のデフォルト率が将来にわたり0％に限りなく近づくことになる。同様に、いくつかの経済・景気サイクルを通しても、BB~Bのデフォルトが過去の平均的な経験値を下回れば、やはり格付の失敗（低すぎる）と認識されるべきである。

格付会社が専門性をもった多彩なアナリストを抱え、格付委員会で多様な視点から自由に議論が行われている限り、投資適格級債券が一時期に集中して多量にデフォルトすることは考えにくい。ただし、アナリストの質や多様性が維持されなかったり、上意下達で活発な議論が行われなかったり、あるいはモデルに偏重しすぎた格付を行うと、大規模な格付の失敗を引き起こす土壌ができる。

コラム15

BBBのデフォルトについて

　BBBのデフォルトは大変大きな出来事である。投資家にとっては当然のこと、格付会社にとってもショックである。それでは、BBBの発行体がまったくデフォルトしなかったら、問題ないのか。本論で述べているが、デフォルトした債券が3年程度さかのぼってBBBの格付が付与されていたとしたら格付の失敗とみなしてもよい。翻って、BBB等級のすべての会社や証券化商品が10年間まったくデフォルトしなかったら、これもまた格付の失敗といわざるをえないのではない。AAA~Aの債券や証券化商品が10年間デフォルトしなくてもあまり問題はないと思うが。

　BBBクラスの発行体や証券化商品がデフォルトするのは、格付が間違

っていないとすると、「恐慌」的な大不況がその理由として一番高いと考えられる。そうすると、BBBのデフォルトはそのようなときに集中的に起こり、その他の景気循環ではデフォルトは起こらない可能性が高い（格下げや格上げは起こるだろう）。そのようなタイミングでアナリストをやっていたとすると大変だろう。逆に「恐慌」的な状況でもデフォルトが起きなかったらどうだろうか？　逆の意味で問題だ。もし1件もデフォルトしなかったら未来永劫BBBのデフォルト率は0％になるかもしれない。

今回米国のバブルの形成と崩壊の過程でサブプライムの証券化に対する格付に失敗があったことは疑いようがない。しかし、崩壊後の「100年に一度」といわれる世界不況の過程で、その他のBBBの債券や証券化商品の一部にデフォルトが起こることを混同して「格付の失敗」として議論することは論理的に間違いだと思う。

AAA～Aの評価について

デフォルト率からみた場合、AAA～Aの格付は実質的な違いはほとんどない。1％を切るデフォルト率、たとえば0.1％（1万社に10社）と0.2％（1万社に20社）の差に意義のある説明を加えるのはむずかしい。AAA～Aの格付の差は（デフォルト率より）定性的要因から生じる相対的な信用力の違いをとらえたものであり、BBBまでの距離（BBBまで格下げされる蓋然性）で考えたほうが理解しやすい。格付に対する評価は、その安定性でも測られるべきである。AA等級の格付の変動性がA等級のものより高ければ、格付の失敗である。

第 3 節
格付を利用するために

　格付を利用する場合の留意点について確認しよう。過去、多くの機関投資家や一部の金融機関（特に外資系の日本法人）は、自社で十分な信用リスク分析機能をもたず、格付に対して依存するオペレーションを行ってきた。いわゆる分析機能のアウトソーシングである。しかし、サブプライムローン問題で明らかになったように、格付への過信は利用者に過大な不利益をもたらす可能性がある。格付会社が大きな失敗をするときは、分析手法の不備に加え、そのオペレーション（たとえば、下述する利益相反）にも問題があることが多い。したがって、格付利用者は格付そのものだけでなく、格付会社のオペレーションにも注意を払う必要がある。企業がアウトソーシングを決断するとき、提供されるサービスの質のみでなく、提供会社についても関心をもつのと同様である。格付利用者は格付アナリストと同等の分析能力をもつ必要はないが、格付の質や格付会社の信頼性をチェックできるだけの見識は少なくとも持ち合わせるべきである。

コラム16

競争と格付の中立性

　「中立・独立した第三者の意見」とは、投資家と発行体の両方からの中立・独立を意味する。発行体には、「少しでも信用スプレッドを低くして、資金調達コストを下げたい」というインセンティブが働く。反対に投資家には、「少しでも信用スプレッドを高くして、資金運用利回りを上げたい」というインセンティブが働く。格付会社は中立な立場で、信用リスクに対する意見を提供する義務がある。

　格付の存在意義である中立性を維持するために、いくつかの代替案が模索されているが、いずれも完全な解決策になりにくいと思われる。代表的な案の1つは、格付会社を公的機関とすることである。しかしながら、政府の支

配下にある格付機関は政府からの独立性が保たれるかどうか、政府セクターに対して中立的な立場で格付が付与できるかどうかの疑問が残る。認定された格付会社すべてから格付を取得することを、発行体に義務づける案も考えられる。しかしながら、発行体に多額の格付手数料負担を強いることになる。発行体ではなく投資家から手数料を徴収するビジネスモデルに、格付会社を転換させる案もある。しかしながら、手数料を支払った投資家にしか格付が公表されないなら、格付の公共性が失われる弊害が生じる可能性がある。これらの案は実現できたとしてもかなりの時間と労力がかかるため、格付会社は当面現在のビジネスモデルを維持しながら、競争と向き合うことになる。

格付の質＝アナリストの質

　格付の質は最終的にはアナリストの質に帰結すると考えられる。アナリストの質を維持する重要性は各社とも強調しているが、特に最近の外資系格付会社の趨勢として、世界共通の格付手法・モデルに大きく依存する「ローコストオペレーション」に向かっているようにみえる。格付手法・モデルへの依存は格付の透明性・一貫性を高める一方で、時としてアナリストの裁量余地・分析柔軟性を一部奪うことになる。そのため、格付手法・モデルでは適切にとらえきれない発行体・案件の信用リスクに対する評価能力が低下しているように思える。また、サブプライムローンに関連した証券化商品の問題によって明らかになったように、格付アナリストや格付会社の問題発見能力も疑問視されている。

　金融労働市場における格付会社の競争力は決して高くない。特に証券化商品の分野では、格付分析能力が高くコミュニケーション能力にも優れたアナリストは、インベストメントバンクなどで案件を組成する側に回ったほうが、格段に高い報酬が得られた。米国の場合、1995年頃から証券化部門のアナリストがインベストメントバンク等に転職するケースが顕著になった。格付会社は人材を一生懸命教育しても、一人前になると出て行ってしまう状況がしばしば観測された。個人の職業の選択の自由は当然とはいえ、転職し

た、経験も能力も優れたアナリストが、次には格付案件を後輩アナリストに持ち込むことは、パワーバランスの面からみて健全とはいいがたい。また、証券化取引は少数のアレンジャー銀行・証券会社の寡占状態となりやすいため、格付会社に対する交渉力もきわめて高い。

このような状況に対して、格付会社の経営陣がとった対策は、有能なアナリストの確保・維持ではなく、システムオペレーションへの傾斜化である。すなわち、「格付職人的手工業」の世界から金融工学を前面に押し出した「工場製造ライン」への移行である。極端な場合、アナリストの仕事は必要な数値をモデルに入力するだけになる。また、工場で使用する機械（分析モデル）をつくった人間が、インベストメントバンカーに転職して注文をもってくるため、内部の人間より工場の内容や機械の品質に精通していることも状況として起こりえる。証券化格付の失敗の反省から、格付会社は最近盛んに格付手法・モデルの変更や改善を行っているが、格付の質を根本的に支えているアナリストの質に対する手当ては、いまだになされていないようにみえる。格付モデルをつくるのもそれを有効に運用するのもアナリストであることは忘れてはならない。

格付の利用者は格付会社がこのような状況にあることを理解したうえで、格付を活用する必要がある。格付会社は格付に関して一生懸命説明するが、格付手法・モデルに対する詳細な解説を行うことはほとんどない[148]。利用するにあたって、投資家も発行体も格付会社に対して以下の質問を積極的に行って、格付手法・モデルの信頼性と安定性を確認していただきたい。

・格付手法・モデルはどのような前提条件でつくられているのか？
・格付手法・モデルはどのような特性と弱点があるのか？
・格付手法・モデルはどのような発行体・案件に対してバイアスが出やすいのか？

---

148 CDOのように、モデルそのものを「公開」している場合はある。ただし相関係数など、モデルに内包されている前提条件の合理的な説明が明確でないことがある（定量的側面と定性的判断の双方において）。

・格付手法・モデルの弱点・バイアスに対してどのような対策をとっているのか？
・格付手法・モデルの有効性をどのような頻度で見直しているのか？

格付会社の利益相反

　格付会社は、格付を付与する発行体から格付手数料を徴収するため、潜在的な利益相反が存在する。格付会社はこの問題を認めながらも、管理できる範囲内であると主張してきた。しかしながら、サブプライムローン問題の発生を契機に、利益相反が証券化商品の格付に影響を及ぼしたのではないかとする指摘が規制当局を含め多くある。利益相反を防ぐ仕組みはいくつか存在するものの、それぞれに限界があり、最後は格付会社自身の規律・良心に任せるしかない。格付利用者にできることは、冷静な目で格付の信頼性を点検して、格付会社と健全な緊張関係を保つことである。以下、格付会社の利益相反対応策について簡単にまとめる。

〈評判リスク〉

　格付会社の最大の資産は市場での評判（レピュテーション）である。もし継続的に競合他社より高い格付を付与し続ければ、市場は疑念をもち、当該格付会社の格付をディスカウントするか無視するようになる。そうなれば、格付会社の評判とフランチャイズは傷つき、需要も減少する。ただし、格付会社の経営陣は、激しい短期の収益圧力に晒されているのも事実である。競争相手が大きくシェアを上げてきているときに、評判リスクを気にして、ビジネスを却下するのはかなりの勇気と規律が必要になる。また、市場が格付の質に対する健全な関心をもたなければ、評判リスクは利益相反に対する抑止力にならない。さらに、規制・行政目的での格付利用は、制度面の利用価値が重視され、市場での評判が必ずしも需要を決定する要素にならないこともある点が懸念される。

〈アナリスト機能のビジネス部門からの独立〉

　通常、格付は格付委員会の多数決によって決定される。アナリストのビジネスへの関与を禁止し、かかわりをもった人間を格付委員会の構成員から外せば、発行体からの圧力をかわすことができると考えられている。また、格付委員会は多数のメンバーで構成されているため、個別アナリストの影響力は限定され、格付の中立性・独立性は確保できるとされている。しかし、サブプライムローン問題で指摘されたように、この分離が完全であったとはいえない。さらに、直接発行体との接触がなくても、格付とビジネスの両方を総括するシニアマネージャーが格付委員会の構成員となっている場合もある。

〈格付手法の客観性・透明性〉

　客観性の高い格付手法・モデルは、アナリストや格付委員会の裁量を必要最小限にとどめることができるため、格付の中立性・独立性が維持される。また、透明性の高い格付手法・モデルが公表されれば、市場参加者のチェックは容易になり、格付会社は適正なレベルから離れた格付を付与することがむずかしくなる。ただし、格付手法・モデルへの妄信や過大依存は、アナリストの質＝格付の質の低下を招く可能性がある。さらに、格付手法・モデルには必ず限界・バイアスがあるため、信用リスクを適切にとらえることのできない発行体・案件に対処する柔軟性が確保されていなければ、格付の質は担保されない。

〈収入の分散〉

　格付会社の顧客基盤はかなり分散されているため、通常1つの発行体が格付会社の収益に大きな影響を与えることはない。そのため、収入面の理由から格付会社が特定の発行体に対して格付面で妥協する（適切なレベルよりも高い格付を付与する）ことは考えにくい。ただし、収益性の高い証券化案件

は限定された数のアレンジャーによって組成される場合が多いため、アレンジャー単位でみた場合、格付会社の収入源の集中は高まる傾向がある。

〈ガバナンス〉

利益相反の抑止力になるコーポレートガバナンスの仕組みも存在する。たとえば、未上場格付会社であれば親会社からの格付業務に対する干渉、上場格付会社であれば取締役の格付議論・決定へのかかわりなどを禁止するルール。格付会社は行動規範の作成・改善にも積極的に取り組んでいる。その適用結果についても公表している。しかし、行動規範は経営者がどのぐらい厳格に運用するかによって、その効用が大きく変わる。

コラム17

格付会社の組織について

　格付会社の独立性は、アナリスト機能の独立性によって担保される。アナリスト機能は、経営から完全に独立した組織であることが望ましい。現在のように、アナリストが昇進を重ねて経営側に転じるような組織形態であると、アナリストが自分の将来を考えて経営陣の意向を汲み取るリスクは常にある。アナリストの評価は経営陣によってではなく、アナリスト組織あるいは経営から独立した委員会によって行われるのが理想である。

　格付委員会は、格付を決定する機能をもつきわめて重要な組織である。近年、格付会社は格付や格付手法に対する透明性を積極的に高めているが、残念ながら格付委員会についてのディスクロージャーはあまり進んでいない。格付委員会の参加者、議論内容、投票結果などの公開を進めれば、（守秘義務の範囲内ではあろうが）利用者の格付の質や安定性に対する理解が高まるだけでなく、格付委員会メンバーのアカウンタビリティーや責任意識をさらに喚起することもできる。結果として、格付委員会における議論の質が向上し、格付に対する市場の信頼性が深まることは十分に考えられる。

　格付委員会を監視する組織の設置も、格付の信頼性や格付会社の内部統制を高める方法の1つとなりえる。この組織は格付会社のなかで、経営部門、格付部門とは異なる1つの完結した組織である必要がある。格付委員会のルールをいかに決めようが、現実に運営するのは人間である。たとえば、上

位アナリストが下位アナリストの意見を不適切に誘導したり、アナリスト同士の関係から仲間意識を重視した投票を行ったり、議長の格付委員会運営にバイアスがあったり、などのリスクが生じる可能性がある。格付委員会の議事録はこの独立した組織に提出され、格付委員会が適切に運営されたかどうかをチェックされるとよい。この組織は格付委員会の運用に対して疑問をもったアナリストの申立てを受け入れる窓口にもなり、必要があれば調査に乗り出す権限をもつべきだ。もし格付モニタリング組織が独立して存在するなら、この組織の下部組織としたほうがよいと思う。

　格付会社に対する以上のような提言は、格付会社やアナリストの柔軟性を低下させる可能性があり、オペレーションコストにも負担をかける。しかしながら、格付に対する信頼性の回復や存在意義である中立性の維持に必要な努力として、ぜひ格付会社の経営陣に検討していただきたいと願う。

格付のショッピング

　米国では1970～1990年に格付会社の統合が進み、3社の寡占状態となった。欧米の投資家は複数格付を好むため、発行体は大抵2つの格付を取得する。それを格付会社3社が争う構図になっている。これに対して日本市場は単独格付で起債ができるため、1つの格付を格付会社5社が争う熾烈な競争になっている。証券化商品の格付取得は、複数の場合もあるが、単独格付の案件も多い。格付会社間の競争が激しいことに変わりはない。

　投資家が格付への評価・選好をはっきりと打ち出さない限り、格付会社の選択権は基本的に発行体側にある。そうなれば、発行体はより高い格付を付与してくれる格付会社を選択するようになる。これを「格付ショッピング」という。高い格付を付与できない格付会社は、発行体からの依頼がこず、その意見は市場に届くことはない。逆に高い格付（証券化では低い信用補完で付与される格付）だけが、市場に存在することになる。信念をもって適切なレベルの格付を付与する格付会社は、市場から追放される危険性がある。「悪貨が良貨を駆逐する」現象が起きる。格付ショッピングが頻繁に起きる状態では、信用スプレッドが大幅に縮小し、バブルが発生する原因になる可能性

が高まる。格付ショッピングに対抗する手段は、格付の質に対する投資家の選択しかない。格付利用者は自分の利益を守るためにも、格付ショッピングが行われているかどうかを見極め、信頼性に劣る格付や格付会社に対してノーという意思表示を積極的に行うべきである。

コラム18

債券市場の発達と格付ショッピングが発生する過程の例（文責：山内）

① 第1期

　日本の証券化商品の導入のための研究は古い。ただその研究対象は、ほぼ「法的な意味での証券化商品の確立」に重点が置かれたもので、実際の証券化商品の裏付資産のリスク分析手法の議論は二の次であった。このことは、現存する「証券化」と冠する書籍において、具体的信用リスク分析手法を説明したものがほとんどないことからもわかる（当時の論者は実際にその分析を行った経験がない人が多いのかもしれない。証券化商品の「構造」を説明する本は多数存在するようだが、その証券化商品の信用リスク分析の具体的な手法の本質を系統立てて紹介したものはほとんどないのではないだろうか）。

② 第2期（海外投資家）

　実際の日本の証券化商品の発行は1994年である。しかし金融市場環境を振り返ってみるとよくわかるが、発行された証券化商品のほとんどが国内発行ではなく、海外市場での発行であり、しかも他通貨建てであったことから、1994～1997年頃まで、日本の証券化商品の買手は海外の投資家がほとんどで日本の投資家で証券化商品に積極的に投資する投資家はほとんどいなかったと考えられる。

③ 第3期（先進的投資家）

　1997年以降、円建ての発行が行われ、日本の一部の投資家が証券化商品の投資を検討しだし、実際に投資するようになる。当初の投資家は実に勉強家で研究熱心だった。単に証券化商品に付与した格付そのものだけでなく、法的議論、裏付資産のリスクに対する議論、信用補完分析の手法など格付に至る過程が市場で熱心に議論された。当時は次々に新しいタイプの裏付資産が証券化されたが、そのたびに格付会社の立場から、それらについて説明するのが大変だった記憶がある。特に格付を付与するうえでの考

え方や基本的分析手法は欧米から導入したものであるが、法的環境も裏付資産のリスク特性も欧米とは違うため、当然まったく同じものは使えず日本の状況に合わせたチューニングを行わないといけない意味では、各格付会社は二重に大変だった時期である（ちなみに、証券化商品の裏付資産の債務者はCDOを除けば、個人や中小企業、不動産など信用リスク分析にあたって、経済・金融文化、ひいては住宅ローンなどでは個人の生活様式や人生のライフプランの違いが色濃く反映されるものである。欧米の人間が日本の裏付債権を、逆に欧米の裏付資産を日本人が容易に理解できるとも思えない）。

④　第4期（大手金融系機関投資家）

　2000年頃は、証券化商品の認知が市場で上がり、発行額の急速な増加が観測され、投資家層が急拡大した時期ととらえられる。同時に、市場参加者の証券化商品の信用リスクに対する見方（アプローチ）が、以前のように厳しいものではなく、格付に依存した受身の姿勢に徐々に変容していったように感じた。この頃各格付会社は証券化商品の分析手法を積極的に投資家に説明するセミナーを開催していたはずだ。なかには泊り込みで行うものまであった。多くの大手金融系機関投資家が参加したのではないか。

⑤　第5期（？？？投資家）

　時期は第4期にそれほど間を置いていないと思うが、大体2000年を過ぎて、上記のような格付に依存した、受身の投資姿勢が顕著になっていったと感じた（これについては、とらえ方によって誤差があるかもしれない。また証券化商品のすべての案件において、同様の状況であったとも思っていない）。発行量も増加の一途をたどり、証券化商品の組成の過程が、手づくりの職人的な商品生産から、まるで工場の大量生産のような雰囲気になりだしたようにみえた。通常、格付会社は守秘義務に抵触しない範囲で格付に至った過程の議論を「レポート」として作成するのだが、それに対するニーズは非常に低調ではなかったか。「レポートは必要ない」「とにかく格付があればよい」など、格付会社にとって信じられないような状況が市場に存在していたと思う。また、正式ではないが、「慎重に分析していると買えない」「先に買われてしまう」というような声が、先の当初からの先進的投資家のなかから市場に提起されたように思う。そのような投資行動をした投資家は信用リスクの分析にあまり関心をもたず、当時の証券化商品についていた信用スプレッドに目が奪われたのだろう。「伝統的な

債券と比較して同じAAAなのに利回りが高い、とにかく買いだ」と判断したのだろうか。当然証券化商品の信用スプレッドがみるみるタイトになっていった。

つまり、以上のような主観的な市場の見方が、仮に客観的に正しいとすれば、この時期には、証券化商品において、資金調達サイド・エクイティーの投資家あるいは所有者による実質的な「格付のショッピング」が起きうる土壌がすでに形成されていたとみられる。

非依頼格付（勝手格付）

非依頼格付は「勝手格付」とも呼ばれ、投資家の関心を理由に格付会社が発行体の正式依頼を得ることなく付与する格付のことである。1990年代の前半にムーディーズが数多くの日本企業に対して付与したことで有名になった言葉である。各格付会社とも勝手格付を実行しているが、証券化商品の分野では十分な情報が手に入らないため、ほとんどみかけることはない。勝手格付といっても、格付会社によってその性質がかなり異なる。依頼格付と同様のプロセスをとる格付会社もあれば、経営陣の参加を求めず公開情報のみで格付を付与する会社も存在する[149]。非依頼格付に関する表記も各社の考え方に相違がある（バーゼルIIでの利用を意識して、現在ほぼ全社が日本市場で依頼・非依頼の区分を公表している）。

勝手格付の質と有益性について市場関係者の間でさまざまな議論・意見があり、営利目的で使われる危険性も指摘されている。現在どの格付会社も新規発行体に対する勝手格付を基本的に実施しない方針をとっている。しかしながら、勝手格付は格付会社が能動的に格付ショッピングに対抗できる数少ない手段の1つであり、規律正しく使われれば格付システムの信頼性を高めることができる。

---

[149] 日本において、公開情報のみで格付する代表的な格付会社であった「三国事務所」は2009年11月に閉鎖された。

おわりに

　昨今の信用リスク分析の潮流は確率統計などを使った金融工学になってきている。しかし、これらはまだまだ単独で使えるほど完成されたものではないことを最近のクレジット環境が端的に示している。今後いかに信用リスク分析モデルが発展しようとも、将来に対する予測が求められる限り、決して完全なものになりえない。想定しない経済状況や業界環境の変化をどのように信用力評価に織り込むべきか、モデルが教えてくれることはない。再認識していただきたいのは、分析のための方法論（モデル・手法・人的判断）はどうであれ、最終的に信用評価の質を左右するのはそれにかかわる信用リスク分析担当者の資質と洞察力である。信頼される信用評価は信用スプレッドの適正化を促進し、信用マネーの効率的分配を可能にする。信用供与システムの安定性にも貢献する。

　本書は信用リスク分析担当者が能力を発揮するために不可欠な信用ビジネスに対する理解と、信用リスク分析の基礎をなす考え方・心構えについて述べてきた。これで担当者として、付加価値の高い仕事を遂行できるだけの知識と見解を身につけられるわけではない。そういう意味では入門編である。しかし、ほかのすべてのことと同様、「基本に忠実でなければ質のよいものは生まれない」ということを忘れてはならない。今後、分野別の信用リスク分析論として『一般事業会社の信用リスク分析』『証券化商品の信用リスク分析』『ハイブリッド信用商品の信用リスク分析』（すべて仮称）を順次上梓する予定である。

　本書は多くの方々のご協力なくしては完成しなかった。以下執筆にご協力いただいた方々を紹介させていただくとともに、厚く御礼申し上げる次第である。なお、本書の法的側面については、前田敏博・有吉尚哉両氏に監修いただいた。あわせて御礼申し上げる。

執筆協力者（敬称略）

　　石原　俊介
　　佐久間祐介
　　高山　博好
　　竹山　昌志
　　土肥　康伸
　　若松　智彦

　最後に本書の刊行に際し、社団法人金融財政事情研究会の古橋哲哉氏に大変お世話になった。氏のご苦労とご尽力に心より感謝申し上げる。
　なお、本書はあくまでも筆者の個人的な見解を表したものであり、その内容に関しては、筆者に責任がある。

〈参考文献〉

植杉威一郎（2005）「企業間信用と金融機関借入は代替的か」
大杉謙一（2003）「ジュリスト No.1240」
小野有人（2007）「新時代の中小企業金融」東洋経済新報社
益田安良（2006）「中小企業金融のマクロ経済分析」中央経済社
吉井一洋・古頭尚志（2007）「よくわかる新BIS規制」㈳金融財政事情研究会
日銀レビュー（2006）「ROE分析からみた銀行収益の改善状況」
日本銀行（2009）「金融システムレポート」
金融庁（2003）「リレーションシップバンキングの機能強化に関するアクションプログラム」
金融庁（2005）「リレーションシップバンキングの機能強化に関するアクションプログラム」
金融庁（2007）「地域密着型金融の取組みについての評価と今後の対応について」
金融庁「地域密着型金融（15～18年度第2次アクションプログラム終了時まで）の進捗状況の概要」
経済産業省（2005）「中小企業白書」
経済産業省（2008）「電子記録債権制度の活用に関する研究会」報告書
会計検査院（2006）「決算検査報告」
日本証券業協会（2009）「証券化商品の販売に関するワーキンググループ　最終報告書」
㈱東京金融取引所（2009）「OTCデリバティブ取引クリアリング制度に関わる検討会とりまとめ」
中小公庫レポート No.2007.1「米国銀行中小企業向け融資戦略の実態」
商工中金（2005）「デット・デット・スワップ（DDS）第1号案件取り組みについて」
㈱格付投資情報センター（2009）「格付けとデフォルトの関係」
Moody's Japan K.K.（2009）「社債・ローンのデフォルト率と回収率　1920-2008年」
Standard & Poor's（2009）「Annual Global Corporate Default Study And Rating Transition」

事項索引

[アルファベット、ギリシャ文字]

ABL（Asset Based Lending, Asset Backed Loan）……44
ABS（Asset Backed Securities）168
ABS-CDO（ABS backed CDO）…103
ADR（Alternative Dispute Resolution）……3
CDO（Collateralized Debt Obligations）……168
CDS（Credit Default Swap）…18,56
CDSプレミアム……56
CMBS（Commercial Mortgage Backed Securities）……168
CP（Commercial Paper）……59
DDS（Debt Debt Swap）……3
DES（Debt Equity Swap）……3
DTI（Debt To Income）……163
LIBOR（London Interbank Offering Rate）……8
LTV（Loan To Value）……30
REIT（Real Estate Investment Trust）……186
RMBS（Residential Mortgage Backed Securities）……102,168
SIV（Structured Investment Vehicle）……102
SPC（Special Purpose Company）……167
SPV（Special Purpose Vehicle）……18,167
TIBOR（Tokyo Interbank Offering Rate）……8

WACC（Weighted Average Cost of Capital）……10
WBS（Whole Business Securitization）……180
β ……10

[あ]

相対取引……35,47
アセットアロケーション……48
アセットバックローン……44
アセットベーストレンディング……44

[い]

イールドカーブ……8
一般事業債券……53
一般担保……61
入口審査……33
インタレスト・カバレッジ……155

[う]

ウォーターフォール……176
ウオッチリスト……199
裏付資産……168

[え]

エクイティー……112,178
エクイティーファイナンス……114
エクセススプレッド……174
延滞……25

[お]

オーバーバンキング……36,87
オペレイティングバリュー……62

オペレーティングリース……………37
オリジネーター………………………119

[か]

会社更生…………………………2,25
会社固有の要因……………………150
回収率………………………………25,172
カウンターパーティーリスク………58
価格発見機能…………………98,107
格付…………………………………190
格付会社……………………50,91,107
格付記号……………………………190
格付手法・モデル………………205,206
格付スプリット………………………52
格付制度………………………………99
格付投資情報センター（R&I）……107
格付の失敗…………………………201
格付のショッピング…………………210
格付の変更…………………………200
格付見通し…………………………199
貸金業法…………………………29,163
勝手格付…………………………120,213
割賦販売法………………………28,163
株主価値……………………………114
間接金融…………………………26,47
元本支払構造……………………142,174

[き]

期間損益……………………………100
機関投資家……………………47,100,106
企業間信用……………………………39
期限の利益…………………………2,25
起債会…………………………………99
擬似資本………………………………82,87
基礎的手法……………………………91
期待損失率……………………………5
期待超過収益率……………………11

期待デフォルト率……………………5
キャッシュフロー…………………111,148
キャッシュフロー・カバレッジ……155
キャッシュフローモデル…………176
キャピタリゼーション………………156
業界外の要因………………………150
業界特有の指標……………………155
業界内の要因………………………150
銀行融資……………………………35
金銭債権……………………………24
金銭債務……………………………24

[く]

クーポンレート………………………54
クレジットストーリー……146,149,153

[け]

経営の自由度………………………114
形式審査……………………………31
限界借入先…………………………34

[こ]

公社債………………………………50
更生債権……………………………25
更生担保権…………………………43,61
構造型アプローチ…………………125
公募社債……………………………54
コーポレートファイナンス…………114
国債……………………………………52
国内基準……………………………93
個品割賦販売………………………26
コベナンツ……………………………42
コミットメントライン…………………40

[さ]

債権……………………………………2
債権者…………………………………2

再証券化	103
再生債権	25
財投機関債	53
債務	2
財務クッション	143
財務指標	156
債務者	2
財務制限条項	42
債務不履行	2
財務分析	146, 155
サブプライムローン	101
参照債務	56

[し]

シークエンシャルペイメント	142
事業再生ADR	3
事業の証券化	180
事業リスク	143
市場の厚み	15
市場プレミアム	10
失踪	2
私的整理	2
支払意欲	25, 140, 158, 162
支払可能見込額	28, 163
支払拒否	2, 163
支払能力	25, 140
社債	53
収益指標	155
収益と損失の時間差	101
証券化	18, 166
証券会社の機能	49
証券化商品	165
証券化商品の限界	180
証書貸付	36
譲渡担保	45
少人数私募	55
消費者金融	26

消費者ローン	26
情報開示	118
情報の非対称性	50
シングルローンアプローチ	132
シンジケートローン	40
信託受益権	55
信用供与	17
信用事由	56
信用収縮	19
信用商品	2, 24
信用スプレッド	8
信用取引	2, 24
信用判断	24
信用評価	6
信用補完	174
信用リスク	2
信用リスク分析の心がけ	139
信用リスク分析のフレームワーク	148
信用リスク分析モデル	75
信用リスクマネー	197

[す]

スコアリングシステム	33, 129, 159
スタティックストラクチャー	180
スタティックデータ	164
スタンダード&プアーズ(S&P)	107
ストラクチャードファイナンス	114, 182
ストレスシナリオ	21, 146
ストレステスト	94, 149, 154, 172
スペキュレーション	48
スワップレート	8

[せ]

制度金融	40
セーフティーネット	53
セカンダリーマーケット(流通市	

場)……………………………………49
センシティビティー・アナリシス
　…………………………………149,154
先進的手法…………………………91

［そ］

相関係数……………………………93,135
相殺…………………………………63
総量規制……………………………29,163
損失率の確率分布…………………5,172

［た］

タームローン………………………40
第三者対抗要件……………………43
退場ルール…………………………199
ダイナミックデータ………………164
ダイリューション…………………45
短期格付……………………………198
担保…………………………………61
担保価値……………………………45,62
担保価値の相関……………………43
担保至上主義………………………69

［ち］

地方債………………………………53
調整後債務…………………………156
調達プレミアム……………………11
直接金融……………………………47

［て］

定量的分析モデル…………………123
手形貸付……………………………36
手形割引……………………………36
適格格付機関………………………91
適債基準……………………………99,106
デット………………………………10,112
デットファイナンス………………114

デフォルト…………………………2
デフォルト強度……………………127
デフォルトタイミング……………93
デフォルト統計……………………129,195
デフォルトの相関…………35,92,134,179
デフォルト発生時の予想損失率……4
デフォルト判別モデル……………124
デフォルトリスク…………………2
デフォルト率………………………4
デフォルト率推計モデル…………124,160
電子記録債権制度…………………39
店頭市場（ＯＴＣマーケット）……49

［と］

投機的等級…………………………196
統計型アプローチ…………………124
当座貸越……………………………36
投資適格等級………………………196
特別債………………………………53
トランザクションバンキング……72
トランチ……………………………177
トランチング………………………178
トリガー……………………………176

［な］

内部格付手法………………………91

［に］

日本格付研究所（JCR）……………107

［の］

ノーショナルアマウント…………56
ノンリコースローン………………42,168

［は］

バーゼルⅡ…………………………89
ハイブリッド信用商品……………180,183

事項索引　221

ハザードレート ………………127
破産 …………………………………2
破産債権 ………………………25
発行体 …………………………47
バブル …………………………16
販売信用供与 …………………26

[ひ]

非依頼格付 ……………………213
引受審査 ………………………55
非期待損失 ……………………5
標準的手法 ……………………91

[ふ]

ファーストロストランチ …………178
ファイナンスリース ……………37
ファイヤーセール ………………46
ファシリティー …………………36
ファンダメンタルズ …………148,150
フィッチレーティングス（Fitch） 107
不確実性 ……………………5,141
不動産担保主義 …………………69
プライマリーマーケット（発行市場） ………………………49
プロジェクション ……………146,154
プロシクリカリティー …………94
プロ私募 ………………………55
プロテクションセラー ………56
プロテクションバイヤー ……56
プロラタペイメント …………142
不渡り …………………………35
分散度 …………………………168

[へ]

平均残存期間 …………………8
平均累積デフォルト率 ………192
ヘッジファンド ………………103

別除権 ………………………43,61

[ほ]

法的手続 ………………………24
法的破綻 ………………………2
ポートフォリオ ……131,156,160,164
保証協会 ………………………85
本源的資金調達者 ……………167

[ま]

マイクロローン ………………74
マチュリティーマッチ ………48
マネージドストラクチャー ……180

[み]

みなし有価証券 ………………55
民事再生 ……………………2,25

[む]

ムーディーズ・インベスターズ・サービス（Moody's）………107
無リスク金利 …………………8,52

[め]

メザニン ……………………103,178

[も]

モンテカルロ法 ………………133

[ゆ]

融資形態 ………………………35
融資比率 ………………………30
優先劣後構造 …………………174
誘導型アプローチ ……………127

[よ]

与信判断 ………………………24

予想信用損失率……………………4
預貸率………………………………36

[り]

リース………………………………37
利益相反………………54,101,207
リコース……………………………38
リスクウェイト……………………90
リファイナンスリスク………19,185
リボルビングストラクチャー……180
リボルビング払い…………………34
流動性プレミアム………………7,53

流動性リスク………………………7
リレーションシップバンキング……71

[れ]

レバレッジ………………103,112,155
連結会計…………………………145

[ろ]

ローンバイローンアプローチ………132

[わ]

割引率………………………………8

事項索引 223

クレジット・アナリシス1
信用リスク分析──総論

平成22年3月31日　第1刷発行

著　者　山　内　直　樹
　　　　森　田　隆　大
発行者　倉　田　　　勲
印刷所　株式会社太平印刷社

〒160-8520　東京都新宿区南元町19
発 行 所　社団法人　金融財政事情研究会
　編集部　TEL 03(3355)2251　FAX 03(3357)7416
　販　売　株式会社　きんざい
　販売受付　TEL 03(3358)2891　FAX 03(3358)0037
　　　　　URL http://www.kinzai.jp/

・本書の内容の一部あるいは全部を無断で複写・複製・転訳載すること、および磁気または光記録媒体、コンピュータネットワーク上等へ入力することは、法律で認められた場合を除き、著作者および出版社の権利の侵害となります。
・落丁・乱丁本はお取替えいたします。定価はカバーに表示してあります。

ISBN978-4-322-11547-5